Produktrentabilität

Ludwig X. Meiendres

NEUE METHODEN ZUR SICHEREN BEURTEILUNG DER PRODUKTRENTABILITÄT MIT HILFE DER DECKUNGSBEITRAGSRECHNUNG

Ein praktischer Leitfaden
mit zahlreichen Rechenbeispielen und der Berücksichtigung
des EDV-Einsatzes in der Deckungsbeitragsrechnung

1. Auflage 1979

WEKA-VERLAG Fachverlag für Verwaltung und Industrie

1. Auflage 1979

CIP-Kurztitelaufnahme der Deutschen Bibliothek

Meiendres, Ludwig X.:
Neue Methoden zur sicheren Beurteilung der Produktrentabilität mit Hilfe der Deckungsbeitragsrechnung:
e. prakt. Leitf. mit zahlr. Rechenbeispielen u. d. Berücks.
d. EDV-Einsatzes in d. Deckungsbeitragsrechnung /
Ludwig X. Meiendres. –
Kissing: WEKA-VERLAG, 1979.
(Neue Methoden betriebswirtschaftlicher Praxis)
ISBN 3-8111-8670-1

Telefon (0 82 33) 50 51, Telex 533 287 weka d

Satz: Top-Satz, Eberle, Vöhringen
Druck: Kawan, Königsbrunn
Printed in Germany 1979
ISBN 3-8111-8670-1

Inhalt

1) Diesem Kapitel ist eine Inhaltsübersicht vorangestellt.

Vorwort

Das Buch richtet sich an all jene, die Entscheidungen zu treffen und/oder vorzubereiten haben, die die Rentabilität eines Unternehmens beeinflussen.

Mit dieser Situation sind alle Führungskräfte des Top-, Middle- und Lower-Managements und deren Stabstellen konfrontiert.

Das Buch ist für den Praktiker geschrieben und stützt sich deshalb weitgehend auf Erfahrungen, die in der Praxis erworben wurden. Der praktische Weg muß in einer vernünftigen Aufwand-Nutzen-Relation gangbar und das erzielte Ergebnis akzeptabel sein. Zudem soll demjenigen eine Hilfestellung gegeben werden, der das Kostenrechnungssystem Deckungsbeitragsrechnung einführen will oder muß und die gebotenen Möglichkeiten ausschöpfen möchte.

Doch auch als Nachschlagewerk für spezielle Probleme der Entscheidungsfindung mit Hilfe der Deckungsbeitragsrechnung soll das Buch dienen.

Grundkenntnisse der Kostenrechnung sind nicht Voraussetzung, wirken sich aber bestimmt nicht nachteilig aus.

Wildenroth, im Juli 1979 *Der Autor*

1 Die Abkehr vom Umsatzdenken und Zuwendung zum Erfolgsdenken

Inhaltsübersicht

Wird in einem Unternehmen für das kommende Geschäftsjahr geplant, d. h., es werden die zu erreichenden Ziele festgelegt und eine entsprechende Strategie entwickelt, so sind die meisten Gedanken fast magisch auf »Umsatzsteigerung« ausgerichtet.

Obwohl alle, die an diesem Prozeß beteiligt sind, den Erfolg und daraus schwerpunktmäßig den Gewinn im Auge haben, bleiben die Überlegungen umsatzorientiert.

Es gilt immer noch das Motto »Steigerung des Umsatzes ist gleich Steigerung des Gewinnes«.

Sicher sind die Ziele und Aufgaben eines Unternehmens vielfältig. Unternehmerische Leistung wird eingesetzt, um ein Werk zu schaffen, Ideen durchzusetzen, Märkte zu erschließen, einen Bedarf zu decken oder Arbeitsplätze zu vermitteln. Um dies zu erreichen, steht ein Ziel im Vordergrund: »Gewinn zu erwirtschaften«. Denn nur mit Hilfe des Gewinns ist es möglich, eine Expansion zu finanzieren, Forschung zu betreiben, den Bestand des Unternehmens und damit Arbeitsplätze zu sichern, den Markt zu erweitern oder sonstige Investitionen durchzuführen bzw. auch eine Krise zu überstehen.

Das Erreichen dieser Ziele ist der unternehmerische Erfolg. Doch die Basis und der Maßstab dafür ist und bleibt der Gewinn.

Man muß sich vom reinen Umsatzdenken befreien und das Erfolgsdenken in den Vordergrund rücken.

Die herrschende Wettbewerbssituation verlangt das Erfolgsdenken, um ein böses Erwachen am Ende eines Geschäftsjahres zu vermeiden.

1.1 Die Träger des Erfolges

Um Geld auszugeben gibt es viele Wege und Möglichkeiten. Dies gilt für den privaten und unternehmerischen Bereich. Um zu Geld zu kommen, gibt es für ein Unternehmen nur einen Weg: »der Preis, der mit und durch den Verkauf der Produkte erzielt wird«.

Die Träger des Erfolges einer Unternehmung sind die erstellten und verkaufsfähigen Produkte.

Für das Erzielen des optimalen Erfolges ist es ausschlaggebend, den Beitrag zu ermitteln, den eine Produktgruppe und/oder das einzelne Produkt dafür erbingt.

1.2 Die Entstehung des Erfolges

Die gesamte Leistung eines Unternehmens setzt sich aus vielen Komponenten zusammen. Ebenso vielfältig sind die Faktoren, die den Erfolg bzw. den Gewinn bestimmen.

Ganz vereinfacht läßt sich die Entstehung des Gewinns nach folgender Formel darstellen:

erzielte Verkaufspreise (Umsatz)
÷ angefallene Kosten
= Gewinn

Während der Verkaufspreis eine in sich bestimmte Komponente ist, bestehen die Kosten aus vielen Komponenten mit unterschiedlicher Entstehungsweise.

Wie diese Komponenten durch Entscheidungen zu beeinflussen sind, ist für den Erfolg eines Unternehmens lebenswichtig, besser überlebenswichtig.

2 Das Instrumentarium für die Ermittlung des betrieblichen Erfolges

Inhaltsübersicht

Ein Pilot benutzt seine umfangreichen Instrumente kontinuierlich, um sein Flugzeug auf Kurs zu halten, und nicht erst dann, wenn eine Notsituation eingetreten ist.

Diese Überlegung läßt sich ohne weiteres auf die Führung eines Unternehmens übertragen.

2.1 Die Kostenrechnung

Ein Basisinstrument für die Steuerung eines Unternehmens ist die Kostenrechnung.

Die Kostenrechnung ist die unabdingbare Voraussetzung, die Struktur der Kosten und deren vielfältige Komponenten durchsichtig und überschaubar zu machen. Und nur eine Tatsache oder Situation, die man kennt, ist beeinflußbar und änderbar.

Was kann ein Manager tun, wenn er plötzlich feststellt, daß die Relation *Umsatz ÷ Kosten = Gewinn* sich ungünstig entwickelt. Er kann global feststellen, daß der Umsatz konstant geblieben ist, d. h., die Kosten sich erhöht haben. Doch welche Maßnahmen soll er ergreifen, wenn er nicht weiß, welche Kostenkomponente als Verursacher dieses Mißverhältnisses gilt?

2.1.1 Gebiete der Kostenrechnung

Die Kostenrechnung gliedert sich in fünf Teilbereiche:

- die Kostenartenrechnung
- die Kostenstellenrechnung
- die Kostenträgerstückrechnung
- die Kostenträgerzeitrechnung und
- die Betriebsergebnisrechnung.

• Kostenartenrechnung

Die Kostenartenrechnung hat die Aufgabe festzustellen, welche Kosten entstanden sind und in welcher Höhe die Kosten in der zu betrachtenden Periode angefallen sind.

Demnach hat diese Rechnung die Mengen und Werte der Güter und Dienstleistungen zu ermitteln, die in einer Abrechnungsperiode zur Erstellung der betrieblichen Leistung eingesetzt und verbraucht wurden.

Damit ergibt sich der erste Teil der betrieblichen Kostenstruktur: »*welche Kosten entstehen im Unternehmen*«.

Die organisatorische Voraussetzung für die Darstellung dieser Struktur ist das Aufstellen eines klar gegliederten Kostenartenplanes. Der Grundgedanke für die erste Gliederung ist die verursachungsgerechte Zuordnung der Kosten auf das Element, das den Kostenanfall verursacht hat.

Man unterscheidet in Abhängigkeit von Kostenträger die Kostenarten

— Einzel- und Sondereinzelkosten und

in Abhängigkeit von der Kostenstelle die Kostenarten

— Gemeinkosten.

• Kostenstellenrechnung

Die Kostenstellenrechnung hat die Aufgabe festzustellen, wo in der Unternehmung die Kosten entstanden sind.

Demnach hat diese Rechnung die Stellen zu ermitteln, in denen durch die betriebliche Leistungserstellung der bewertete Verbrauch von Gütern und Diensten angefallen ist.

Damit ergibt sich der zweite Teil der betrieblichen Kostenstruktur, *»wo entstehen im Unternehmen die Kosten«*.

Die organisatorische Voraussetzung für die Darstellung dieser Struktur ist der Aufbau eines Kostenstellenplanes.

Gliederungskriterien für den Aufbau und die Bildung von Kostenstellen können sein:

— Verantwortungsbereiche
— der Fluß der betrieblichen Leistungserstellung bis zur Vermarktung der Leistung
— eine bestimmte Verrechnungstechnik der Kosten und
— eine Kombination der genannten Gliederungskriterien.

● Kostenträgerstückrechnung

Die Kostenträgerstückrechnung hat die Aufgabe festzustellen, wofür, d. h., für welche erstellte Leistung sind die Kosten entstanden.

Demnach hat diese Rechnung den bewerteten Verzehr von Gütern und Diensten für die einzelne erbrachte betriebliche Leistung zu ermitteln.

Damit ergibt sich der dritte Teil der betrieblichen Kostenstruktur, *»wofür sind die Kosten angefallen«*.

Transparent werden hier die Kosten des Trägers des betrieblichen Erfolges gemacht — der Auftrag, das Produkt, der Artikel.

Die organisatorische Voraussetzung für die Darstellung dieser Struktur ist eine klare Abgrenzung der Kostenträger, um eine genaue Kostenzurechnung zu erreichen.

Die Kostenträgerstückrechnung ist allgemein als Kalkulation bekannt. Man unterscheidet in die Vor- und Nachkalkulation.

Die Vorkalkulation ist eine Planungsrechnung. Sie versucht zu ermitteln, welcher wahrscheinliche Kostenanfall bei der Erstellung und Vermarktung eines Kostenträgers auftreten wird. Aus dieser Erkenntnis kann ein Verkaufspreis abgeleitet werden, der eine Kostendeckung mit einem angemessenen Gewinn gewährleistet.

Liegt der Verkaufspreis bereits fest, so können ebenfalls die Kostendeckung und der Gewinn beurteilt werden.

Die Nachkalkulation ist eine Kontrollrechnung. Sie stellt den eingetretenen Kostenanfall für die Erstellung und Vermarktung der Kostenträger fest und zeigt auf, in welchem Verhältnis der erzielte Verkaufspreis die Kosten deckt und welcher Gewinn oder Verlust sich ergibt.

• Kostenträgerzeitrechnung

Die Kostenträgerzeitrechnung hat die Aufgabe festzustellen, welchen Erfolg ein Kostenträger über einen bestimmten Zeitraum erbracht hat.

Diese Rechnung ermittelt durch Gegenüberstellung der aufgelaufenen Verkaufserlöse und der aufgelaufenen Kosten den Erfolg eines Kostenträgers für einen Zeitraum.

Die Kostenträgerzeitrechnung ist eines der wichtigsten Instrumente der Unternehmenssteuerung. Durch die Zuordnung der Erfolgsträger auf andere Kriterien, wie Kunde, Verkaufsgebiet und Vertreter, ergibt sich eine Erfolgsermittlung auch für diese Kriterien und damit eine Basis für die Beurteilung und Steuerung.

• Betriebsergebnisrechnung

Die Betriebsergebnisrechnung hat die Aufgabe, den Erfolg für Unternehmensbereiche und das Gesamtunternehmen zu ermitteln.

Auch diese Rechnung ermittelt durch Gegenüberstellung der aufgelaufenen Verkaufserlöse und der aufgelaufenen Kosten den Erfolg für einen Zeitraum.

Die Betriebsergebnisrechnung ist eine Verdichtung der Kostenträgerzeitrechnung.

2.1.2 Systeme der Kostenrechnung

Als Grundwerkzeug für die Darstellung und Analyse der betrieblichen Kostenstruktur sind zwei Systeme einsetzbar:

— die Vollkostenrechnung und
— die Teilkostenrechnung (= Deckungsbeitragsrechnung).

Die genannten Systeme können unabhängig voneinander angewendet werden. Aber auch die Kombination beider Systeme in einem Abrechnungsschema ist ohne größere Schwierigkeiten machbar und durchaus auch sinnvoll.

Die Bezeichnung der beiden Systeme Voll- bzw. Teilkosten ist leicht erklärbar und hat den direkten Bezug zum Produkt.

Im Rahmen der Vollkostenrechnung werden alle betrieblichen Kosten dem Produkt zugerechnet, während die Teilkostenrechnung nur bestimmte Kosten, also Teile aus dem Gesamtkostenanfall auf das Produkt verrechnet.

Genauere Aussagen hierzu erfolgen unter den Punkten 2.2 und 2.3.

2.1.3 Verfahren der Kostenrechnung

Innerhalb der genannten Kostenrechnungssysteme können mehrere Kostenrechnungsverfahren eingesetzt werden, wobei jedes Verfahren in jedem System und in der Systemkombination anwendbar ist:

— die Ist-Kostenrechnung
— die Durchschnittskostenrechnung
— die Normalkostenrechnung und
— die Plankostenrechnung.

So wie die Bezeichnungen der Systeme einen direkten Bezug zu den Produkten haben, so verhält es sich auch mit den Verfahren.

Die Verrechnung der betrieblichen Kosten auf das Produkt kann mit einem Istwert, Durchschnittswert, Normalwert und Planwert erfolgen. Dabei ist es unerheblich, ob die Kosten voll oder nur zum Teil verrechnet werden.

Bei der Ist-Kostenrechnung, wie die Bezeichnung es bereits ausdrückt, werden nur die tatsächlich angefallenen Werte auf das Produkt verrechnet.

Der Ansatz der Ist-Kosten ist für die Produktrechnung nicht praktikabel, weil:

— die Ist-Werte oft Schwankungen unterliegen. Daraus entstehen für jede Abrechnungsperiode unterschiedliche Verrechnungen der Kosten auf die Produkte. Damit sind die Kosten der Produkte nicht mehr vergleichbar und somit auch von geringem Aussagewert.

— Eine Nachkalkulation der Produkte erst nach dem Bekanntsein aller tatsächlichen Kosten möglich ist. Daraus entstehen zu große Zeitverzögerungen.

— Eine Vorkalkulation der Produkte überhaupt nicht möglich ist.

Aus diesen Gründen wurde für die Kostenverrechnung ein Durchschnittswert gebildet. Der Wert bildet sich aus dem Durchschnitt aller angefallenen Ist-Werte aus einer längeren vergangenen Periode.

Der ausschließliche Vergangenheitsbezug der Durchschnittskosten hat dazu geführt, diese Methode zu überdenken und zu verbessern. Erarbeitet wurden die Normalkosten. Auch diese Kosten beruhen primär auf Durchschnittskosten der Vergangenheit, doch werden hier bereits für stark zu Buche schlagende Kostenarten zu erwartende Kostensteigerungen oder -minderungen berücksichtigt.

Es werden Verrechnungswerte festgelegt, von denen angenommen werden kann, daß sie im Jahresmittel die auf die Produkte zu verrechnenden Kosten des aktuellen Geschäftsjahres abdecken. Doch durch die Bildung von Verrechnungswerten ergeben sich im Vergleich mit den tatsächlich angefallenen Kosten Abweichungen. Aus diesen Abweichungen und deren Analyse ergeben sich Kontroll- und Steuerungsfunktionen für das Unternehmen. Die konsequente Ausschöpfung der Abweichungsrechnung und Analyse für Steuerungszwecke ergibt sich dann, wenn als Kostenrechnungsverfahren die Plankostenrechnung eingesetzt wird. Das bedeutet, daß sowohl die Leistung als auch die Kosten des aktuellen Geschäftsjahres geplant und mit diesen Werten die Produktkosten ermittelt werden.

Auch bei den Kostenrechnungsverfahren ist wie bei den Systemen eine Kombination möglich und sinnvoll. Die Verbindung von Ist-, Normal- und Planwerten ist durchaus zu empfehlen und teilweise sogar notwendig.

2.2 Die Vollkostenrechnung

2.2.1 Die Konzeption der Vollkostenrechnung

Die Vollkostenrechnung rechnet die betrieblichen Gesamtkosten einer Unternehmung dem einzelnen Produkt zu. Das bedeutet, daß nicht unterschieden wird, ob die Kosten durch das Produkt unmittelbar oder nur mittelbar verursacht werden.

Nachdem ein direkter Zusammenhang zwischen den mittelbar verursachten Kosten und dem Produkt nicht besteht, erfolgt die Zurechnung der Kosten mit Hilfe von Schlüsseln und Kostenverrechnungssätzen.

Im Vollkostensystem fehlt eine Differenzierung der Kostenarten nach deren Verhalten bei unterschiedlicher Ausbringung, d.h. der Kapazitätsausnutzung, obwohl verschiedene Kostenarten mit Sicherheit eine Abhängigkeit im Verhältnis zur Leistungsmenge aufweisen, andere dagegen davon unberührt bleiben.

Aufgrund der Zurechnung aller Kosten auf das Produkt ist die Vollkostenrechnung in der Lage, unter Berücksichtigung des Erlöses ein Ergebnis (Gewinn oder Verlust) pro Produkt auszuweisen.

Allerdings ist bei Betrachtung dieses Ergebnisses große Vorsicht geboten, insbesondere wenn daraus Überlegungen zur Produktrentabilität angestellt werden.

2.2.2 Kritische Betrachtung der Vollkostenrechnung

Die Kritik an der Vollkostenrechnung ist dort anzusetzen, wo die Verrechnung der Kosten mit Schlüsseln und Verrechnungssätzen beginnt.

Die erste Schlüsselung von Werten tritt bei der Vollkostenrechnung bereits im Betriebsabrechnungsbogen auf.

Betrachtet man die Betriebsabrechnung, die nachweist, an welchen Stellen im Betrieb bestimmte Kosten angefallen sind, so ergeben sich bestimmte Kostenbereiche:

— der Allgemeine Bereich
— der Fertigungshilfsbereich
— der Fertigungshauptbereich
— der Materialbereich

— der Vertriebsbereich und
— der Verwaltungsbereich.

Über diese Basisbereiche hinaus gibt es noch Nebenbereiche, die hier aber nicht von Bedeutung sind.

Die genannten Bereiche können eingeteilt werden in Dienstleistungs- und Haupt- bzw. produktbezogene Zurechnungsbereiche.

Die Dienstleistungsbereiche, zu denen der Allgemeine Bereich und der Fertigungshilfsbereich gehören, umfassen nur solche Kostenstellen im Betrieb, die eine Leistung erbringen, die wiederum nur von anderen Kostenstellen in Anspruch genommen werden. Die besten Beispiele dafür sind die Kostenstellen »Grundstücke und Gebäude«, die Energieversorgung« und der »Sozialdienst«.

Bei diesen Kostenstellen wird auch gar nicht der Versuch unternommen, sie den Produkten zuzurechnen.

Die Kosten dieser Stellen werden den anderen Kostenstellen zugerechnet, die diese Dienste in Anspruch genommen haben. Die Zurechnung erfolgt mit Hilfe von Schlüsseln.

Diese Kostenverrechnung ist bekannt als Umlagerechnung. Daß eine genaue verursachungsgerechte Zurechnung der Kosten nicht erfolgt, liegt in der Natur der Schlüsselrechnung. Stünde nämlich die genaue Inanspruchnahme der Dienstleistung fest, könnten die Kosten direkt auf den Empfänger verrechnet werden.

Dies ist eine der Schlüsselrechnungen mit entsprechenden Ungenauigkeiten, jedoch nicht die gravierendste, da die Kostenverrechnung noch nicht produktbezogen ist.

Problematischer wird die Schlüsselrechnung, wenn die Kosten auf die Produkte zugerechnet werden.

Wie wird das in der Vollkostenrechnung bewerkstelligt?

Nachdem die Kosten der Dienstleistungsbereiche verteilt worden sind, verbleiben für die Verteilung der Kosten auf die Produkte nur noch die Hauptbereiche.

Nun gilt es Schlüssel zu finden, die eine eindeutige Beziehung zwischen den Kostenbereichen und den Produkten herstellen.

Für den Kostenbereich Fertigung ist dies am einfachsten möglich, da in diesem Bereich eine Leistung gemessen werden kann, die für die Erzeugung des Produkts eingesetzt wird. Damit ist diese Leistung auch mit dem Anteil meßbar, der in das Produkt eingegangen ist.

Solche meßbaren Leistungen sind die Fertigungs- oder Maschinenstunden, die Stückzahl oder technische Einheiten, wie eine Walzenumdrehung oder Pressenhub.

Für den Materialbereich gilt die Aussage, eine eindeutige Beziehung zwischen Produkt und Kostenbereich herzustellen nur noch bedingt. Als Schlüssel dient der Materialwert, der als Einzelkosten im Produkt verrechnet wurde.

Es kann aber nicht in jedem Falle davon ausgegangen werden, daß Material mit hohem Wert auch die höheren Beschaffungs- und Lagerkosten verursacht und umgekehrt. Damit ist die Kostenzurechnung bereits problematisch.

Mit noch größeren Ungenauigkeiten ist die Kostenzurechnung aus den Bereichen Vertrieb und Verwaltung belastet.

Eine direkte Beziehung zwischen dem Produkt und den Kosten aus diesen Bereichen ist nicht mehr gegeben.

Als Schlüssel für die Verrechnung werden die Herstellkosten eines Produktes herangezogen. Das bedeutet, daß Produkte mit hohen Herstellkosten entsprechend viel Kosten aus den Bereichen Vertrieb und Verwaltung zugerechnet bekommen und umgekehrt. Daß sich damit die Kalkulationen der Produkte weit von der Realität entfernen können, ist naheliegend.

Die Eindeutigkeit der Beziehung vom Kostenbereich zum Produkt weist von der Fertigung bis hin zur Verwaltung ein starkes Gefälle auf. Das könnte zu der Aussage verleiten, daß zumindest im Bereich der Fertigung noch alles in Ordnung ist. Doch gerade aus diesem Bereich ist die Zurechnung der Kosten auf das Produkt äußerst problematisch.

Die Kosten aus der Fertigung werden mit dem Schlüssel Leistung auf das Produkt verrechnet. Dies wäre dann zu akzeptieren, wenn alle diese Kosten auch von der Leistung abhängig wären.

Abhängig sein heißt, daß bei steigender Leistung die Kosten ebenfalls steigen und bei sinkender Leistung ebenfalls sinken.

Es gibt sicher Kostenarten, die diese Eigenschaft aufweisen. Es sind aber auch eine Reihe von Kostenarten vorhanden, die sich zur Leistung neutral verhalten.

Für die Verrechnung der Kosten aus dem Fertigungsbereich werden im Rahmen der Vollkostenrechnung jedoch alle, die leistungsabhängigen und die leistungsneutralen Kosten auf die Leistung bezogen.

Daraus ergibt sich, daß bei steigender Leistung mehr Kosten, bei sinkender Leistung weniger Kosten verrechnet werden.

Diese Mehr- oder Minderverrechnung von Kosten auf Basis Leistung hat zwei Aspekte:

- einmal wirkt sie sich auf das Produkt aus, wenn bei der Produkterstellung Leistungsschwankungen entstanden;
- zum anderen wirkt sie sich auf das Unternehmen aus, wenn gesamtbetrieblich Leistungsschwankungen auftauchen.

Von vordergründigem Interesse sind hier jedoch die produktbezogenen Überlegungen.

Aufgrund der über Schlüssel auf das Produkt verrechneten Kosten aus den Kostenbereichen ist eine Kalkulation nach dem Prinzip der Vollkostenrechnung mit Vorsicht zu betrachten. Insbesondere gilt diese Aussage dann, wenn daraus eine Beurteilung der Produktrentabilität abgeleitet werden soll.

Abschließend soll zum Thema Vollkostenrechnung an Hand eines einfachen Beispiels die produktbezogene Ergebnisermittlung, die auch der Rentabilitätsbetrachtung zugrunde liegt, kritisch überlegt werden.

Ausgegangen wird von einer Neugründung eines Unternehmens. Um einen funktionsfähigen Betrieb produktions-, vertriebs- und verwaltungstechnisch zu haben, wurden in den bekannten Kostenbereichen DM 500.000,— investiert.

Erzeugt und vertrieben wird ein Produkt mit folgender Kalkulation:

Materialeinsatz	DM 50,—
Lohneinsatz	DM 80,—
Über Schlüssel verrechnete Kosten aus den Bereichen:	
— Fertigung	DM 120,—
— Material	DM 5,—
— Vertrieb	DM 30,—
— Verwaltung	DM 20,—
Kosten gesamt (Selbstkosten)	DM 305,—
Erzielbarer Preis	DM 350,—
Ergebnis zu Vollkosten (Stückgewinn)	DM 45,—

Die Vollkostenrechnung interpretiert aus dieser Kalkulation einen Gewinn von DM 45,—.

Dies ist jedoch ein rein rechnerischer Gewinn, da ein Gewinn doch erst dann entsteht, wenn alle Kosten gedeckt sind.

Von den investierten DM 500.000,— sind durch den Verkauf eines Produktes gedeckt:

Gewinn	DM 45,—
Kosten aus dem Bereich Fertigung	DM 120,—
Kosten aus dem Bereich Material	DM 5,—
Kosten aus dem Bereich Vertrieb	DM 30,—
Kosten aus dem Bereich Verwaltung	DM 20,—
	DM 220,—

Das Beispiel mag seine Schwächen haben, zeigt aber deutlich den Aussagewert des mit der Vollkostenrechnung ermittelten Gewinnes.

2.3 Die Deckungsbeitragsrechnung

2.3.1 Die Konzeption der Deckungsbeitragsrechnung

Die Deckungsbeitragsrechnung rechnet aus den betrieblichen Gesamtkosten einer Unternehmung nur einen Teil der Kosten dem einzelnen Produkt zu. Zugerechnet werden nur die Kosten, die auch durch das Produkt unmittelbar verursacht werden. Das bedeutet, daß die Deckungsbeitragsrechnung genau unterscheidet, welche Kosten unmittelbar bzw. nur mittelbar durch das Produkt verursacht werden.

Eine Zurechnung von Kosten mit Hilfe von Schlüsseln erfolgt nicht.

Aufgrund dieser Vorgehensweise ist die Deckungsbeitragsrechnung auch nicht in der Lage, unter Berücksichtigung des Erlöses ein Ergebnis (Gewinn oder Verlust) pro Produkt auszuweisen. Für die Errechnung eines Gewinnes im Rahmen der Deckungsbeitragsrechnung ist nicht das einzelne Produkt die Bezugsbasis. Hier sei nochmals auf das Rechenbeispiel unter dem Punkt 2.2.2 »Kritische Betrachtung der Vollkostenrechnung« hingewiesen. Ein Gewinn kann erst dann entstehen, wenn alle Kosten gedeckt sind. Die Deckungsbeitragsrechnung ermittelt den Gewinn in einer Zeitraumbetrachtung.

Die Deckungsbeitragsrechnung ermittelt zunächst pro Produkt den Betrag, den ein Produkt erwirtschaftet, um Kosten decken zu können.

Wie erwähnt, werden dem Produkt nur die Teile von Kosten zugerechnet, die unmittelbar durch die Erzeugung des Produktes angefallen sind (Teilkostenrechnung). Wird dieser Wert von einem erzielten Erlös abgezogen, verbleibt ein Betrag, der dazu beiträgt, die anderen, nicht dem Produkt zugerechneten Kosten zu decken, *»der Deckungsbeitrag«*.

Das Grundprinzip der Deckungsbeitragsrechnung basiert auf der einfachen Rechenformel:

Produkterlös
÷ unmittelbar durch das Produkt verursachte Kosten
= Beitrag zur Deckung der verbleibenden Kosten

Daraus ergibt sich auch das Zeitraumprinzip für die Gewinnerzielung. Denn erst dann, wenn der Beitrag zur Deckung der verbleibenden Kosten diese Kostensumme übersteigt, entsteht Gewinn.

Dieses Prinzip soll nachstehendes Schaubild noch einmal verdeutlichen.

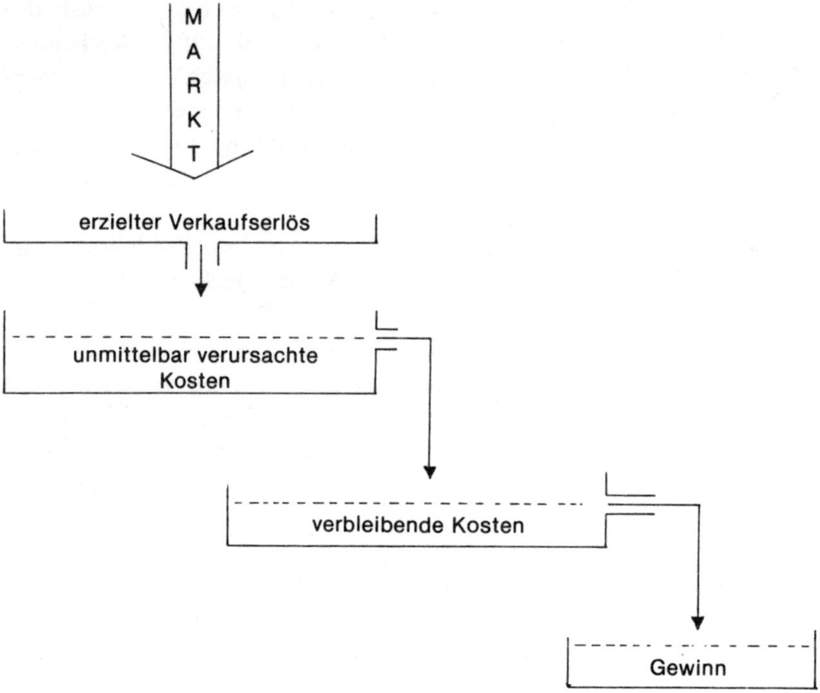

Das Zeitraumprinzip der Deckungsbeitragsrechnung ist ebenso mit der angegebenen Rechenformel zu belegen.

Beispiel

Ein Produkt erzielt einen Erlös von	DM	100,—
unmittelbar durch das Produkt verursachte Kosten	DM	60,—
Beitrag zur Deckung der verbleibenden Kosten	DM	40,—
verbleibende Kosten gesamt (fixe Kosten) =	DM	10.000,—

Daraus ergibt sich die Rechnung, daß

10.000,— : 40,— = 250 Einheiten des Produktes verkauft werden müssen, um die Gesamtsumme der verbleibenden Kosten zu decken.

Die in diesem Beispiel angewandte Formel ist die Formel der *»kritischen Verkaufsmenge«* und ist eine Basisformel für die Beurteilung der Produktrentabilität.

Die Formel lautet:

$$\text{kritische Verkaufsmenge} = \frac{\text{Fixkosten gesamt}}{\text{Deckungsbeitrag je Verkaufseinheit}}$$

Abschließend zu diesem Punkt soll die Deckungsbeitragsformel noch einmal mit den üblichen Begriffen dargestellt werden, die im anschließenden Kapitel ihre Erläuterung finden.

Bruttoumsatz
÷ variable Kosten (= direkt zurechenbare Kosten)
= Deckungsbeitrag

2.3.2 Definition der Kosten in Beziehung zum Produkt

Auf das Produkt werden in der Kalkulation nur die Kosten gerechnet, die einen unmittelbaren Bezug zum Produkt haben. Das bedeutet, daß der bewertete Verzehr von Gütern und Dienstleistungen eindeutig für das Produkt erfaßbar ist.

Diese Voraussetzung trifft sicher zu für das Material, aus dem das Produkt hergestellt wird.

Auch der Lohn, der für die Fertigung des Produktes eingesetzt wird, erfüllt die gestellte Bedingung, ebenso Kosten, die speziell für die Fertigung und für den Vertrieb anfallen.

Nach der Terminologie der Kalkulation sind dies alle Einzelkosten und Sondereinzelkosten.

Zu den Einzelkosten zählen das Material (Rohstoff) und der Fertigungslohn.

Die Sondereinzelkosten der Fertigung können z. B. sein: Kosten für ein Klischee, eine Gipsform, ein Modell etc. Als Beispiel für die Sondereinzelkosten des Vertriebes mögen gelten: Verkaufsprovision, Verkaufslizenzen, Transportversicherungen etc.

Doch aus dieser Aussage den Rückschluß zu ziehen, daß nur die Einzelkosten unmittelbaren Bezug zum Produkt haben, die Gemeinkosten nur mittelbar, wäre nicht richtig.

Eine Anzahl von Gemeinkosten, die allerdings nicht sehr groß ist, hat auch einen direkten Bezug zum Produkt. Auf diese Kostenarten wird bei dem Punkt der Kostenauflösung noch näher eingegangen.

Festzuhalten ist noch einmal die Aussage, daß

— alle Einzelkosten,
— alle Sondereinzelkosten der Fertigung
— alle Sondereinzelkosten des Vertriebes, und
— ein kleiner Teil von Gemeinkosten

einen unmittelbaren Bezug zum Produkt

— alle übrigen Gemeinkosten

einen mittelbaren Bezug zum Produkt aufweisen.

Nach der Definition der Kosten in Beziehung zum Produkt soll es nicht versäumt werden, einige unterschiedliche Bezeichnungen, so wie sie heute verwendet werden, darzustellen.

Man spricht von

— variablen und fixen Kosten
— beweglichen und unbeweglichen Kosten
— direkten und indirekten Kosten
— leistungsabhängigen und zeitabhängigen Kosten
— proportionalen und konstanten Kosten.

Es soll hier nicht untersucht werden, wie treffsicher die eine oder andere Bezeichnung ist. Für die weitere Behandlung des Themas werden die Bezeichnungen

— **variabel** für alle Kosten, die einen unmittelbaren Bezug zum Produkt und

— **fix** für alle Kosten, die einen mittelbaren Bezug zum Produkt haben

verwendet.

Abschließend ist noch ein weiterer Begriff näher zu erläutern. Während die variablen Kosten einzeln dargestellt werden, ist dies bei den fixen Kosten nicht der Fall. Die fixen Kosten werden in einer Summe oder in größeren Teilsummen dargestellt, die mit den erzielten Deckungsbeiträgen zu decken sind.

Für die Bezeichnung einer Summe von Fixkosten verwendet man den Ausdruck

— **Fixkostenblock.**

3 Der praktische Einsatz der Deckungsbeitragsrechnung

Inhaltsübersicht

Über das Thema Deckungsbeitragsrechnung gibt es viele Abhandlungen mit mehr oder minder großem Tiefgang. In jeder ist der theoretische Funktionszusammenhang dargestellt.

Mit dem vorliegenden Buch soll der Praxiseinsatz der Deckungsbeitragsrechnung behandelt werden. Dabei wird die eine oder andere Überlegung, die in der Theorie sehr wohl ihre Berechtigung hat, auf der Strecke bleiben. Dies ist einfach dadurch erklärbar, daß die Realisierung dieser theoretischen Überlegungen in der Praxis einen unverhältnismäßig hohen Aufwand verursacht und damit zum erzielbaren Nutzen in keinem vertretbaren Verhältnis steht.

Diese Überlegungen im Verhältnis von Theorie und Praxis beim Einsatz der Deckungsbeitragsrechnung beruhen auf jahrelanger Erfahrung.

Diese Erfahrungen wurden gewonnen bei der Installation des Kostenrechnungssystems in Unternehmen verschiedenster Größenordnung und Branchenzugehörigkeit.

Auch hier ist, wie überall, eine vernünftige Synthese zwischen Theorie und Praxis zu finden.

3.1 Die Auflösung der Kosten in fix und variabel

Was versteckt sich hinter dem Begriff Kostenauflösung?

Mit Sicherheit ist darunter nicht zu verstehen, daß die Kosten sich in ein »Nichts« auflösen. Dieser Wunschtraum, dem irgendwann einmal jeder ein bißchen nachhängt, ist eben ein Traum. Um dies zu erfüllen, bräuchte man einen Kostenmagier und keinen Kostenrechner.

Kostenauflösung ist hier anders zu interpretieren.

Es gibt Kosten, die eindeutig variabel sind, die Einzelkosten. Hier braucht man also keine weiteren Gedanken verlieren.

Die Problematik ergibt sich im Bereich der Gemeinkosten.

Ein Teil der Gemeinkosten, und das ist der größte Teil, ist fix. Ein anderer Teil, und das ist ein kleiner Teil, ist variabel. Darüber hinaus gibt es nun einen weiteren, und dieser Teil ist ebenfalls glücklicherweise klein, der nicht eindeutig der einen oder anderen Kategorie, d. h., fix oder variabel zuzuordnen ist.

Das bedeutet, daß es Kostenarten gibt, die sowohl einen variablen als auch einen fixen Kostenanteil haben.

Um nun herauszufinden, welcher Anteil einer solchen Kostenart fix bzw. variabel ist, wird Kostenauflösung betrieben.

»Unter Kostenauflösung versteht man also die Ermittlung des variablen und fixen Anteils einer Kostenart aus dem Gemeinkostenbereich.«

Das Verhalten der Kosten in Abhängigkeit vom Produkt kann drei verschiedene Arten annehmen:

— variabel
— fix
— teilvariabel bzw. teilfix.

3.2 Methoden der Kostenauflösung

Für die Auflösung einer teilfixen Kostenart in die entsprechenden Anteile wurden eine Reihe von Methoden entwickelt. Alle haben das Ziel, eine möglichst hohe Exaktheit zu erzielen. Und ebenso kämpfen alle diese Methoden mit den Unwägbarkeiten des Kostenverhaltens in der Praxis.

Da gibt es zum Beispiel:

- die Variatormethode,
- die graphische Methode,
- die rechnerische Methode,
- die Methode der kleinsten Quadrate,
- die empirische Methode.

Und dann gibt es da noch eine Methode, die eigentlich keinen richtigen Namen hat und deshalb nenne ich sie

- die Methode des gezielten Nachdenkens.

Diese Methode der Kostenauflösung ist vielleicht nicht ganz lupenrein, aber die Erfahrung zeigt, daß sie praktikabel ist.

Die Methoden der Kostenauflösung sollen nur kurz erläutert werden. Darüber hinaus wird auch kurz darauf eingegangen, was nach meiner Meinung daran zu kritisieren ist.

• Die Variatormethode

Bei dieser Methode wird ein Variator ermittelt, der ausdrückt, wie das Verhältnis des fixen zu dem variablen Anteil bei der betrachtenden Kostenart ist. Steht zum Beispiel der Faktor 0,8, so bedeutet dies, daß 80 % der Kostenart variable und 20 % fixe Kosten sind.

Wie kommt man nun zu diesem Faktor?

Für die entsprechende teilvariable Kostenart wird der variable Anteil auf der Basis eines längeren Zeitraumes (ein Abrechnungsjahr) ermittelt und in Relation zu den Gesamtkosten der Kostenart für den gleichen Zeitraum gebracht.

Die Formel lautet:

$$\text{Variator} = \frac{\text{variabler Kostenanteil in DM}}{\text{Gesamtkosten in DM}}$$

Um den Variator ermitteln zu können, müssen also die Kostenanteile vorher ermittelt werden. Wobei hier die berechtigte Frage nach dem »Wie« gestellt werden darf.

Der Variator ist nun bekannt, wie ist er anzuwenden. Der Variator kann m. E. nur angewendet werden, wenn die Gemeinkosten für das kommende Abrechnungsjahr geplant worden sind. Aus diesem Planwert werden mit dem Variator die fixen Kosten ermittelt. Diese Kosten werden eingesetzt, weil sie sich laut Definition produktionsunabhängig und damit auch unabhängig von der Leistung für die Produkterstellung verhalten.

Alle angefallenen Kosten in einer Abrechnungsperiode, die diesen Betrag übersteigen, sind variabel.

Kritisch ist es m. E., den Variator auf die Ist-Kosten je Abrechnungsperiode anzuwenden.

Dies zeigt am besten ein **Beispiel:**

Variator = 0,8, d. h. 80 % variabel, 20 % fix.

Die teilvariable Kostenart A weist in zwei Abrechnungsperioden folgende angefallenen Kosten auf:

1. Periode DM 10.000,—
2. Periode DM 14.000,—

Damit ergibt sich bei der Anwendung des Variators folgende Kostenauflösung:

1. Periode: variabel DM 8.000,—, fix DM 2.000,—
2. Periode: variabel DM 11.200,—, fix DM 2.800,—.

Das bedeutet, daß durch die Anwendung des Variators auf die Ist-Kosten auch die Fixkosten proportionalisiert werden, und das kann nicht der Sinn der Kostenauflösung sein.

• Die graphische Methode

Bei der graphischen Methode wird ein Koordinatenkreuz aufgetragen. Auf der x-Achse werden unterschiedliche Leistungen der Produktion in Stunden, Ausstoßmenge, Beschäftigungsgraden abgebildet. Auf der y-Achse sind die Kosten anzugeben.

Für einen genügend großen Zeitraum werden in das Koordinatenkreuz die angefallenen Kosten in Abhängigkeit zur entsprechenden Leistung eingetragen.

Durch dieses Streupunktdiagramm ist eine Gerade zu legen, bei der die Abstände der Punkte oberhalb der Geraden in Summe den Abständen der Punkte unterhalb der Geraden in Summe entsprechen soll.

Dort wo diese Gerade die y-Achse schneidet, zeigt sich der Fixkostenanteil für diese Kostenart.

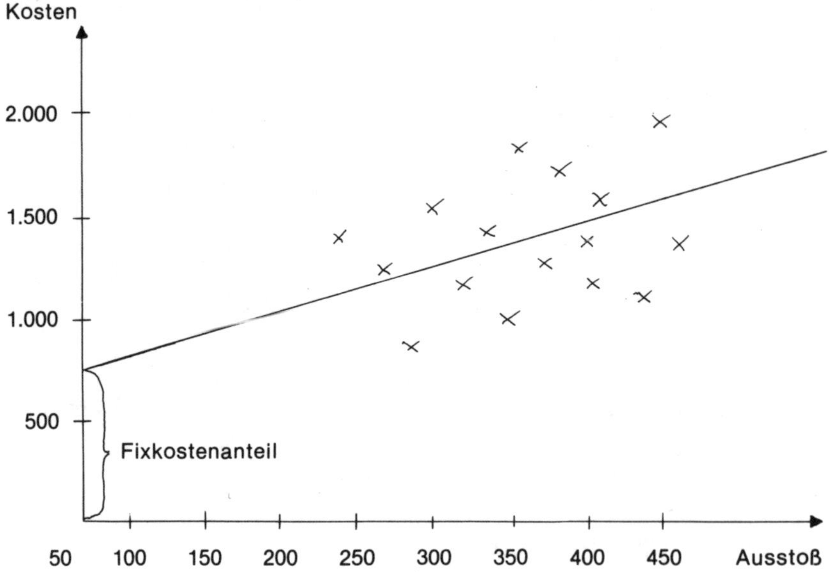

Diese Methode ist einfach und auch in der Anwendung zufriedenstellend.

Sie versagt nur dann, wenn die Leistungsschwankungen sehr stark und nicht kontinuierlich sind. Es könnte sich dann eine Streupunktgerade ergeben, die genau parallel zur x-Achse verläuft. Das würde bedeuten, laut Grafik ist diese Kostenart fix.

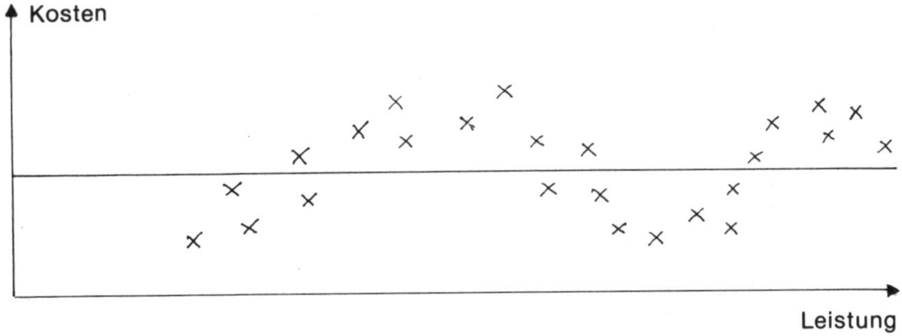

● Die rechnerische Methode

Die rechnerische Methode vergleicht die Kosten bei zwei unterschiedlichen Leistungen. Die Kostensteigerung in der Relation zur Leistungssteigerung ergibt die variablen Kosten. Die Fixkosten ergeben sich durch Saldierung der variablen Kosten mit den Gesamtkosten.

Anhand eines Beispieles soll dies erläutert werden.

Die Leistung, die der Rechnung zugrunde gelegt wird, soll der Produktausstoß sein.

Gesamtkosten DM 600,— bei einem Ausstoß von 100
Gesamtkosten DM 720,— bei einem Ausstoß von 130

Kostensteigerung DM 120,— Leistungssteigerung 30

Man geht davon aus, daß die Kostensteigerung durch die Leistungssteigerung bedingt wurde, d. h., es handelt sich um variable Kosten.

Damit errechnen sich die variablen Kosten pro Leistungseinheit aus Kostensteigerung dividiert durch Leistungssteigerung, im **Beispiel** 120 : 30 = 4.

In den Gesamtkosten stecken dann 100 × 4 = DM 400,— bzw. 130 × 4 = DM 520,— variable Kosten.

Als Fixkosten ergeben sich dann DM 200,—.

Die rechnerische Methode ist m. E. gut brauchbar, insbesondere wenn in etwa ein linearer Kostenverlauf vorliegt.

● Die Methode der kleinsten Quadrate

Diese Methode entspricht in ihrem gedanklichen Ansatz der graphischen Methode. Es werden für einen genügend großen Zeitraum, z. B. ein Geschäftsjahr, für kleinere Perioden, z. B. ein Monat, die angefallene Leistung den angefallenen Kosten gegenübergestellt, und folgende Rechenschritte durchgeführt:

a) für die Kosten und die Leistung wird das arithmetische Mittel gebildet

b) es werden die Kostenabweichungen vom Durchschnittswert und ebenso die Leistungsabweichungen vom Durchschnittswert je Periode errechnet

c) die ermittelten Leistungsabweichungen werden quadriert

d) die Leistungsabweichungen werden mit den Kostenabweichungen multipliziert

e) die quadrierten Leistungsabweichungen werden addiert, ebenso die Ergebnisse aus der Leistungsabweichung mal der Kostenabweichung

f) die Summe aus Leistungsabweichung mal Kostenabweichung wird durch die Summe der quadrierten Leistungsabweichung dividiert.

Das Ergebnis aus dieser Division sind die anteiligen variablen Kosten je Leistungseinheit.

Auf ein ausführliches rechnerisches Beispiel wird hier verzichtet. Es können Beispiele nachgelesen werden bei »Eberhard Gau, Die Deckungsbeitragsrechnung, bei Robert Bobsin, Elektronische Dekkungsbeitragsrechnung«.

Die Methode der kleinsten Quadrate, das läßt sich an den Rechenschritten ablesen, ist sehr aufwendig.

Auch hier wird ein Wert pro Leistungseinheit ermittelt, das bedeutet wie bei der Variatormethode, daß bei Bezug der Rechenmethode auf die Ist-Abrechnung von Periode zu Periode auch die Fixkostenanteile in Abhängigkeit der Leistung schwanken, wenn nicht ein absolut linearer Kostenverlauf gegeben ist.

M. E. ist deshalb auch diese Methode nur sinnvoll anzuwenden, wenn eine Planungsrechnung gemacht wird, aus der dann die anteiligen Fixkosten ermittelt werden.

• Die empirische Methode

Diese Methode geht, wie der Name schon sagt, von der Erfahrung aus. Sie ist deshalb auch nur anwendbar von einem langjährigen Mitarbeiter eines Unternehmens, der zugleich intimer Kenner des betrieblichen Kosten- und Leistungsgeschehens ist.

Aufgrund der Erfahrung und den sich abzeichnenden Trends, den eine Kostenart in ihrem Verhalten zur Leistung zeigt, wird dann die Kostenauflösung durchgeführt.

• Die Methode des gezielten Nachdenkens

Diese Methode beruht auf der einfachen Überlegung »Untersuche das Verhalten der Gemeinkosten in Abhängigkeit zur Produkterstellung«.

Diese Untersuchung der Gemeinkosten erfolgt in zwei Stufen:

1. Stufe:
Welche Kostenbereiche und Kostenstellen des Unternehmens weisen einen unmittelbaren Bezug zum Produkt auf.

2. Stufe:
Welche Kostenarten weisen einen unmittelbaren Bezug zum Produkt auf.

Nachdem Gemeinkosten, die hier betrachtet werden, nicht direkt dem Produkt zugerechnet werden können, ist eine Größe zu finden, die den direkten Bezug von Gemeinkosten und Produkt herstellt.

Diese Größe ist die Leistung der Produkterstellung, die ausgedrückt werden kann in

— Leistungszeit
— Ausstoß, d. h. erzeugte Menge
— technische Leistungseinheiten.

Bei der Methode wird nun gezielt darüber nachgedacht

— in welchem Kostenbereich und in welchen Kostenstellen wird eine Leistung erbracht, die sich direkt dem Produkt zurechnen läßt;

— welche Kostenart in einer Kostenstelle, in der diese Leistung nachweisbar ist, ist von dieser Leistung abhängig, unabhängig oder teilabhängig. In der Terminologie der Deckungsbeitragsrechnung heißt dies variabel, fix oder teilvariabel.

Die Anwendung dieser Methode wird im nächsten Kapitel beschrieben.

3.3 Darstellung der Kosten im Gemeinkostenbereich

Bevor nun der Einstieg in dieses Kapitel erfolgt, muß noch einmal der Leitgedanke für die nachfolgenden Überlegungen dargestellt werden. Er lautet:

»Werden die auftretenden Kosten durch die Leistung der Produkterstellung und des Produktvertriebes unmittelbar beeinflußt und sind damit dem Produkt direkt zurechenbar.«

Mit anderen Worten ausgedrückt heißt das:

Wird von einem Produkt eine Einheit mehr oder weniger produziert oder verkauft, steigen oder sinken dadurch irgendwelche Kosten in unmittelbarer Folge davon.

In der ersten Stufe sind die Kostenbereiche eines Unternehmens unter diesem Leitgedanken zu untersuchen.

Zur Auffrischung nachfolgend noch einmal die Kostenbereiche:

- Allgemeiner Bereich
- Fertigungshilfsbereich
- Fertigungshauptbereich
- Materialbereich
- Vertriebsbereich
- Verwaltungsbereich

In welchem dieser Bereiche wird eine Leistung erbracht, die in unmittelbarem Zusammenhang mit dem Produkt steht, und damit variable Kosten beinhalten kann.

● Der Allgemeine Bereich

Hier handelt es sich um einen Dienstleistungsbereich mit Kostenstellen wie Grundstücke und Gebäude, Sozialwesen, Hofkolonne etc.

Stellt man hier die Frage nach einer Leistung mit unmittelbarem Bezug zum Produkt, so wird man hier mit Nein antworten müssen.

Der Allgemeine Bereich enthält in bezug auf das Produkt keine variablen Kosten.

• Der Fertigungshilfsbereich

Hier handelt es sich ebenfalls um einen Dienstleistungsbereich, der jedoch eng mit der Fertigung verknüpft ist. Durch die Verbindung mit der Fertigung kann ein unmittelbarer Bezug zum Produkt gegeben sein.

Dieser Bereich kann deshalb nicht so global wie der Allgemeine Bereich beurteilt werden, sondern es ist notwendig die einzelnen Kostenstellen zu betrachten.

In diesem Bereich enthaltene Kostenstellen sind:

— technische Betriebsleitung
— Meisterbüro
— Arbeitsvorbereitung
— Konstruktion
— Modell-, Formen-, Vorrichtungsbau
— Instandhaltung Produktionsanlagen
— innerbetrieblicher Transport
— Zwischenläger.

Darüber hinaus können und werden Kostenstellen in diesem Bereich geführt, die vorbereitende Arbeiten für die Fertigung durchführen, wie z.B. Materialaufbereitung. Die Aufzählung der Kostenstellen ist sicher nicht vollständig, ist aber für die weiteren Überlegungen voll ausreichend. Wie verhalten sich nun die Kosten in den genannten Kostenstellen, wenn eine Einheit des Produktes mehr oder weniger produziert wird.

Sie werden mir sicher recht geben, wenn ich behaupte, daß deshalb in den Stellen technische Betriebsleitung, Meisterbüro, Instandhaltung Produktionsanlagen, innerbetrieblicher Transport und Zwischenläger die Kosten weder steigen noch sinken.

Anderer Meinung kann man bei der Arbeitsvorbereitung, Konstruktion, dem Modell-, Formen- und Vorrichtungsbau sein. Stellvertretend für eine Reihe anderer Kostenstellen, die das gleiche Verhalten zeigen, soll hier die Arbeitsvorbereitung genauer betrachtet werden.

Durch die Mehrproduktion, z. B. eines Stückes, werden die Personalkosten, Raumkosten, Kosten der Kopier- bzw. Umdruckgeräte und sonstigen Kosten in der Arbeitsvorbereitung nicht steigen. Nicht einmal die Papierkosten steigen, da ein 25. Stück auf der gleichen Stückliste ausgewiesen wird, wie die anderen.

Eine Kostensteigerung tritt nur dann auf, wenn eine Produktionssteigerung in einem solchen Umfange vorgenommen wird, daß das vorhandene Personal dadurch überfordert wird. Um diesem Umstand abzuhelfen wird ein neuer Mitarbeiter eingestellt, der in der Lage ist, alle Aufgaben zu erfüllen, bis durch eine weitere große Steigerung seine Kapazität erschöpft wird. Innerhalb einer bestimmten Grenze bleiben die Kosten also konstant, auch wenn sich der Ausstoß nach oben oder unten verändert. Erst dann, wenn diese Grenze überschritten wird, ist eine Kostenänderung die Folge.

Diese Kosten haben demnach keinen unmittelbaren Bezug zum Produkt, weil sie innerhalb bestimmter Produktionsgrenzen sich konstant verhalten. Wird die Grenze überschritten, erhöhen sie sich sprunghaft um einen bestimmten Wert, um dann wieder über eine weite Strecke konstant zu bleiben.

»Kostenarten, die ein solches Verhalten zeigen, werden als sprungfixe Kosten definiert«.

Von diesen sprungfixen Kosten gibt es eine ganze Reihe. Die Kostenstellen Konstruktion, Modell-, Formen- und Vorrichtungsbau verhalten sich wie die Arbeitsvorbereitung bei Großserien- bzw. Massenfertigung.

Handelt es sich jedoch um Kleinserien- bzw. Einzelfertigung, sind die Kosten pro Produkt verrechenbar. Die Verrechnung erfolgt als Sondereinzelkosten der Fertigung. Diese Verrechnungsart setzt voraus, daß in diesen Kostenstellen sehr genaue produktbezogene Aufschreibungen geführt werden.

Noch nicht behandelt wurden bis jetzt die Materialaufbereitungsstellen. Bei der Betrachtung dieser Kostenstellen ist sehr stark Rücksicht auf die Gegebenheiten des einzelnen Betriebes zu nehmen.

Besteht wirklich eine echte Abhängigkeit zwischen der Leistungserstellung und diesen Stellen, nehme ich diese Stellen aus dem Fertigungshilfsbereich heraus und lege sie in den Fertigungshauptbereich.

Nur wenn der Zusammenhang der ausschlaggebenden Komponenten nicht eindeutig ist, belasse ich diese Stellen im Fertigungshilfsbereich.

Auf diese Art und Weise kann der Fertigungshilfsbereich im Sinne der Kostenauflösung reingehalten werden. Bisher ist mir dies in den praktischen Einsätzen immer gelungen.

Damit kann auch hier die Aussage gemacht werden:

Der Fertigungshilfsbereich enthält in bezug auf das Produkt keine variablen Kosten.

Ich bin mir im klaren darüber, daß diese Aussage stark von der betrieblichen Gegebenheit und der betrieblichen Organisation beeinflußt wird.

Doch bin ich auch der Meinung, daß mit Hilfe der Organisation die Aussage weitgehend verifiziert werden kann.

Es mögen vielleicht auch nachher noch kleine Ungenauigkeiten enthalten sein. Doch das Eliminieren dieses Bodensatzes erfordert sicher einen Aufwand, der in keinem Verhältnis zum Nutzen steht. M. E. ist der zusätzliche Erkenntniswert für die Praxis unbedeutend.

● Der Fertigungshauptbereich

Der Fertigungshauptbereich ist der Bereich, in dem das Produkt vom Ursprung bis zur Verkaufsreife erzeugt wird. Durch diese Aussage ist bereits die Definition im Sinne der Kostenauflösung vorgenommen. Hier werden mit Sicherheit Kostenarten auftreten, die von der Leistung zur Produkterstellung abhängig sind.

Der Fertigungshauptbereich enthält in bezug auf das Produkt mit Sicherheit variable Kosten.

Dies bedeutet jedoch nicht, daß hier nur variable Kostenarten auftreten. In diesem Bereich gibt es ebenso fixe Kostenarten. Es wird damit nur ausgedrückt, daß eine Kostenauflösung durchgeführt werden muß.

● Der Materialbereich

Diesem Kostenbereich obliegen die Funktionen der Materialbeschaffung und -bereitstellung mit solchen Kostenstellen, wie z. B. Einkauf und Rohstofflager.

Versucht man hier einen direkten Bezug über eine Leistung zum Produkt herzustellen, ist das kaum möglich. Das heißt, in diesem Bereich sind keine variablen Kosten enthalten.

Das einzusetzende Material wird direkt als Einzelkosten dem Produkt zugerechnet, d. h., es berührt den Materialbereich nicht, und die Gemeinkosten des Bereiches sind fix oder sprungfix.

Für die Sprungfixität der Kosten zwei Beispiele.

Das Personal des Einkaufs verursacht bestimmte Gehaltskosten. Diese Kosten verhalten sich fix, d. h., bleiben konstant, in einem bestimmten Rahmen einer Mehr- oder Minderproduktion. Erst dann, wenn eine bestimmte Produktgrenze überschritten wird oder neue Produkte mit neuen Materialien aufgenommen werden, ist ein neuer Mitarbeiter einzustellen. Von diesem Moment an steigen die Gehaltskosten sprunghaft an, um dann wieder innerhalb einer bestimmten Spanne konstant zu bleiben. Ebenso verhält es sich mit den Kosten des Lagers. Eine Lagererweiterung erfolgt, wenn die Lagerkapazität nicht mehr ausreichend ist. Durch eine Investition steigen die Kosten sprunghaft an, um dann wieder über eine weite Strecke sich konstant zu verhalten. D.h., die Beeinflussung durch das Produkt ist mittelbar.

Demnach kann auch hier die Aussage gemacht werden:

Der Materialbereich enthält in bezug auf das Produkt keine variablen Kosten.

● Der Vertriebsbereich

Im Vertrieb gibt es bei einer ersten Betrachtung bestimmt produktabhängige Kostenarten. Gerade deshalb darf ich nochmal daran erinnern, daß wir uns im Bereich der Gemeinkosten bewegen.

Die eindeutig dem Produkt zuordenbaren Vertriebskosten sind bei genauer Betrachtung Einzelkosten, wie z. B. Provisionen, Verkaufslizenzen, Frachten, Sonderverpackung, Transportversicherung etc.

Es ist also bei der Kostenanalyse streng darauf zu achten, daß Einzelkosten nicht in den Gemeinkosten dargestellt und verrechnet werden. M. E. eine Frage der Organisation.

Im Gemeinkostenbereich des Vertriebes sind also auch nur fixe oder sprungfixe Kosten enthalten. Bei dieser Definition werden mir immer spontan vier Dinge entgegengehalten: die Kosten des Außendienstes, Kosten der Angebotsabteilung, Kosten des Fertigwarenlagers und Kosten des Vertriebsfuhrparkes.

Beim Außendienst wird argumentiert, will ich mehr verkaufen, benötige ich mehr Vertreter und die Spesen steigen. Ich antworte mit mehreren Gegenfragen:

— Bekommt ein Vertreter mehr Spesen, wenn er statt 6 nun 8 Stunden am Tag tätig ist?

— Steht einem Liter Benzin, den er mehr verfährt, ein ganz bestimmter gesicherter Verkaufserfolg gegenüber?

— Entstehen die Kosten für einen zusätzlichen Vertreter, ausgenommen die Provision, pro Produkt oder pauschal?

Die letzte Frage lautet: Sind diese Kosten jetzt direkt dem Produkt zurechenbar oder nicht?

Bei der Angebotsabteilung heißt es, mehr Umsatz, mehr Angebote. Diese Grundtendenz kann m. E. schon angezweifelt werden. Aber geht man davon aus, daß sie zutrifft. Man stellt einen neuen Mitarbeiter ein, wenn die Kapazität der Abteilung erschöpft ist. Der Mitarbeiter kostet dasselbe Geld, ob er ein oder hundert Angebote bearbeitet. Wir haben es mit sprungfixen Kosten zu tun.

Es bliebe noch das Papier, auf dem das Angebot geschrieben wird. Was tun wir aber, wenn das Angebot mehrere Artikel umfaßt, oder das Angebot kein Auftrag wird?

Die gleiche Frage stelle ich zum Vertriebsfuhrpark. Welchen Liter Benzin rechnen wir auf den Artikel A, B, C usw., wenn der Lieferwagen 30 Artikel geladen hat?

Ich gebe gerne zu, daß hier und da echte Abhängigkeiten bestehen können. Doch welcher Aufwand steht dahinter, dies zu erfassen, und um wieviel größer ist die gewonnene Erkenntnis? Diese Dinge sind m. E. im Normalfalle zu vernachlässigen. Ausnahmen mag es in Abhängigkeit betriebsindividueller Gegebenheiten durchaus einmal geben. In meiner praktischen Tätigkeit sind sie mir noch nicht begegnet.

Deshalb schreibe ich auch hier mit ruhigem Gewissen:

Der Vertriebsbereich enthält in bezug auf das Produkt keine variablen Kosten.

● Der Verwaltungsbereich

Der Verwaltungsbereich mit Kostenstellen wie kaufmännische Leitung, Rechnungswesen, Poststelle etc. hat keinen unmittelbaren Bezug zum Produkt und weist demnach nur fixe und sprungfixe Kosten auf.

Der Merksatz lautet hier:

Der Verwaltungsbereich enthält in bezug auf das Produkt keine variablen Kosten.

Die Überlegungen zur Kostenauflösung im Bereich der Gemeinkosten sind nochmal in der nachstehenden Übersicht zusammengefaßt:

Kostenbereich	Kostenauflösung	Kostenverhalten
Allgemeiner Bereich	nein	fix
Fertigungshilfsbereich	kostenstellenabh.	fix und variabel
Fertigungshauptbereich	ja	fix und variabel
Materialbereich	nein	fix
Vertriebsbereich	nein	fix
Verwaltungsbereich	nein	fix

Diese Vorgehensweise setzt eine klare Zuordnung der einzelnen Kostenstellen zu den Bereichen voraus.

Bei dieser Arbeit sollte man versuchen, den Fertigungshilfsbereich so zu gestalten, daß auch hier eine Kostenauflösung entfällt und damit sich ein fixes Kostenverhalten ergibt.

Der Untersuchung der Kostenbereiche folgt in der zweiten Stufe die Untersuchung der Kostenarten. Gemeint sind die Gemeinkostenarten und solche Einzelkosten, die aufgrund abrechnungstechnischer Bedingungen im Betriebsabrechnungsbogen ausgewiesen werden.

Der erste Arbeitsschritt ist das Sammeln aller in einem Unternehmen anfallenden Gemeinkostenarten, wobei möglichst die Kostenart »Allgemeine bzw. Sonstige Kosten« zu vermeiden ist. Diese Kostenart ist zwar sehr bequem, weil im Zweifelsfalle alles darauf gebucht werden kann, für eine gute Kostenrechnung ist sie jedoch nicht brauchbar.

Sie ist auch dann nicht zu gebrauchen, wenn der Vorsatz besteht, wenn der Vorgang geklärt ist, buchen wir schon um. Meine praktische Tätigkeit in den Unternehmen hat mein Vertrauen in diesen Vorsatz auf unter Null absinken lassen.

Die Darstellung der Gemeinkostenarten ist möglichst detailliert vorzunehmen. So globale Begriffe wie Gemeinkostenlohn sind nicht brauchbar, weil sich dahinter mehrere Kostenarten verbergen, die unter Umständen ein unterschiedliches Kostenverhalten aufweisen. Nach der genauen Untersuchung der einzelnen Kostenarten kann ohne weiteres eine Zusammenfassung vorgenommen werden, wenn sichergestellt ist, daß sie ein gleiches Kostenverhalten haben.

Die Kostenarten sind nun daraufhin zu betrachten, ob sie von der Produkterstellung direkt beeinflußt werden oder nicht, d. h., ob sie sich variabel, teilvariabel oder fix verhalten.

Bei einer Reihe von Kostenarten läßt sich eine eindeutige Zuordnung sofort treffen, insbesondere bei den fixen.

So sind nicht produktabhängige Gemeinkosten (Beispiele)

— Versicherungen
— Steuern
— Literaturkosten
— Beiträge und Gebühren
— Büromaterial
— Gehälter.

fix

Die Aufzählung ist nicht vollständig, sondern diese Kosten gelten nur als Beispiele.

Schon nicht mehr so einfach ist es, die variablen Kosten aufzuzählen. Diese Kostenarten bedürfen einer näheren Erläuterung. Zudem können betriebliche Gegebenheiten dazu führen, eine andere Betrachtungsweise in den Vordergrund zu stellen.

Eine der umstrittensten Kostenarten soll gleich zu Beginn behandelt werden *»der Fertigungslohn«*.

Ist der Fertigungslohn dem einzelnen Produkt genau zurechenbar, wird er als Einzelkosten in der Kalkulation geführt und ist damit fraglos variabel.

Doch nicht immer wird der Fertigungslohn produktbezogen verrechnet. Aufgrund fertigungstechnischer Gegebenheiten, vor allem bei Massenfertigung, wird er über die Kostenstelle erfaßt, in der er angefallen ist. Der Grund liegt vielfach darin, daß eine produktbezogene Aufzeichnung zu aufwendig ist.

Die Frage ist dann, ist er nach wie vor variabel oder wird er dadurch fix.

Ein weiteres Argument kommt aus einer ganz anderen Ecke. Das bei uns gebräuchliche Entlohnungssystem berücksichtigt viele soziale Aspekte, was mit Sicherheit zu begrüßen ist. Damit verliert der Lohn über weite Strecken den Bezug zur produktbezogenen Leistungserstellung. Dieser Aspekt veranlaßt so manchen Kostenrechner zu sagen, der Lohn ist eine konstante Größe und somit fix.

Dazu ist einiges zu sagen. Einmal ist es für das Verhalten des Fertigungslohnes unerheblich, ob er als Einzelkostenlohn direkt auf das Produkt oder über den Umweg einer Kostenstellenerfassung verrechnet wird, Fertigungslohn bleibt Fertigungslohn. Nur nenne ich den über eine Kostenstelle verrechneten Fertigungslohn indirekt. Dies hat den Grund darin, daß die Verrechnung auf das Produkt über die Zwischenstufe Kostenstelle erfolgt.

Zum anderen bleibt ein Fertigungslohn auch immer variabel. Das **Beispiel** erklärt dies:

Ein Fertigungslöhner kann pro Monat 170 Stunden Fertigungszeit erbringen. Der Stundenlohn sei DM 10,—.

— Im Monat 1 sind die ganzen 170 Stunden Fertigungszeit, d. h., es ergibt sich ein Fertigungslohn von 170 × DM 10,—	DM 1.700,—
— Im Monat 2 sind nur 150 Stunden Fertigungszeit und 20 Stunden Hilfszeit. Folglich ist	

Fertigungslohn 150 × DM 10,—	DM 1.500,—
Hilfslohn 20 × DM 10,—	DM 200,—
	DM 1.700,—

— Im Monat 3 sind nur 120 Stunden Fertigungszeit und 50 Stunden Hilfszeit. Folglich ist

Fertigungslohn 120 × DM 10,—	DM 1.200,—
Hilfslohn 50 × DM 10,—	DM 500,—
	DM 1.700,—

Das Beispiel zeigt doch klar, daß der Fertigungslohn in Abhängigkeit der Leistung variabel ist. Nicht so der Gesamtlohn. Letzterer verhält sich konstant.

Für die Deckungsbeitragsrechnung ist aber die einzelne Lohnkostenart ausschlaggebend und nicht der Mitarbeiter als zu entlohnender Produktionsfaktor.

Erfolgt eine genaue Erfassung der Lohnkostenart Fertigung, so kann hier m. E. eindeutig die Variabilität zuerkannt werden.

Problematisch ist nur der Teil des Lohnes eines Fertigungslöhners, der nicht der Fertigung dient, im Beispiel die 20 bzw. 50 Stunden.

Wenn nicht gerade Krankheit oder Urlaub vorlagen, aber dafür gibt es eigene Kostenarten, handelt es sich unbestritten um einen Hilfslohn. Das Fatale dabei ist, daß dieser Hilfslohn auch variabel ist, aber umgekehrt zur Leistung. Für die Behandlung dieses Hilfslohnes gibt es keine Patentlösung. Man schlägt sie in jedem Falle den fixen Kosten zu. Dies ist sicher vertretbar, wenn die Leistungsschwankungen nicht zu extrem sind.

Im Betriebsabrechnungsbogen weise ich diesen Hilfslohn in einer eigenen Zeile aus. Die Relation dieses Hilfslohnes zum Fertigungslohn ist eine gute Beurteilungsmöglichkeit für die Leistungsintensität einer Kostenstelle.

Ich gebe dieser Kostenart auch einen eigenen Namen und bezeichne sie entweder als *»dispositiven Lohn« oder »Pufferlohn«*. Diese Benennung erscheint mir deshalb sinnvoll, weil in diesem Lohn fertigungsbezogene Leistungsreserven stecken, die disponiert werden können.

Wie gesagt, keine Patentlösung, aber eine Lösung, die mit gutem Gewissen vertreten werden kann.

Neben diesem geschilderten Hilfslohn gibt es noch einen, den echten *Hilfslohn.* Dieser entsteht, wenn ein Mitarbeiter ausschließlich Hilfstätigkeiten ausführt, wie z. B. Kostenstellenreinigung oder Biernachschub. Und dieser »echte Hilfslohn« ist sicher leistungsunabhängig und damit fix. Neben den genannten Lohnkostenarten gibt es noch ein paar weitere. Urlaubs-, Krankheits-, Feiertagslohn, die zusammengefaßt die Kostenart Ausfallohn ergeben.

Werden alle Lohnkostenarten so genau dargestellt, dann läßt sich eine ausreichend genaue Definition der Kostenauflösung dafür durchführen. Die sonst so gebräuchliche Kostenart Gemeinkostenlohn, die für die Kostenauflösung sehr problematisch ist, wird damit umgangen. Ein erster Erfolg für das gezielte Nachdenken.

Etwas genauer nachdenken muß man auch über die *»Gesetzlich tariflichen Sozialleistungen«.* Unter diesen Sozialabgaben befinden sich einige, die prozentual von der Lohnsumme errechnet und damit abhängig werden, z. B. der Arbeitgeberanteil.

Es stellt sich nun die Frage, ob dies für die Kostenauflösung von Bedeutung ist. Es gibt zwei Interpretationsmöglichkeiten:

— Die prozentual von der Basis abhängigen werden so behandelt wie die Basis selbst. Das bedeutet, daß die auf den Fertigungslohn errechneten Sozialabgaben variabel, die auf der Summe aller anderen Lohnkostenarten errechneten Sozialabgaben fix sind.

— Die Basis für die Errechnung der Gesetzlich tariflichen Sozialabgaben ist die gesamte Lohnsumme, unabhängig der in ihr enthaltenen fixen und variablen Bestandteile. Damit ist das Ergebnis als fix zu definieren.

Für welche Methode man sich entscheidet, wird m. E. schwerpunktmäßig von der Überlegung zur Preisuntergrenze bestimmt. Soll die Preisuntergrenze hoch angesetzt werden, ist die erste Methode zu wählen (Erläuterung der Preisuntergrenze im Kapitel Kalkulation).

Während die *Gesetzlich tariflichen Sozialabgaben* bei Einsatz der Methode eins auf ihre prozentuale Abhängigkeit von der Lohnsumme zu untersuchen sind — wird teilweise vom Tarifvertrag bestimmt — ist dies bei den »Freiwilligen Sozialaufwendungen« nicht der Fall. Eine Abhängigkeit dieser Kostenarten vom Produkt ist nicht gegeben, d. h., sie sind fix. Es ist nicht anzunehmen, daß bei vermehrtem Produktausstoß die Jubiläumsaufwendungen für Hochzeit, Geburten etc. proportional zunehmen.

Ebenso sind die *Gehälter* in ihrem Kostenverhalten fix, d. h., sie verändern sich bei Mehr- oder Minderausstoß nicht proportional, sondern höchstens sprungfix. Außerdem besteht hier nur in den seltensten Fällen ein direkter Bezug zum Produkt. Ist jedoch doch einmal dieser Bezug gegeben, bei Einzelfertigung ist das möglich, so ergeben sich daraus Sondereinzelkosten.

Entsprechend dieser Definition verhalten sich die gesetzlich, tariflichen und freiwilligen Sozialabgaben auf Gehalt. Man kann sie zu den fixen Kostenarten rechnen.

Die letzte Position im Bereich der Personalkosten sind die *Personalnebenkosten* mit den Komponenten »Mitarbeiteranwerbung und Mitarbeiterschulung«. Auch hier ist ein direkter Bezug zum Produkt nicht herleitbar, so daß die Zuordnung fix lautet.

Als nächster Gemeinkostenblock sind die Materialien zu untersuchen.

Das *Hilfsmaterial* ist eindeutig variabel, weil es unmittelbar produktabhängig ist. Dies ergibt sich aus der Definition für das Hilfsmaterial. Diese lautet:

Hilfsmaterialien sind solche Güter, die eindeutig Bestandteil des Fertigproduktes werden, die aber aufgrund des geringen Wertes oder der geringen Menge eine so untergeordnete Bedeutung haben, daß der Aufwand einer genauen Erfassung in keinem Verhältnis zu den erreichbaren Erkenntnissen steht.

Das nächste Material, das *Betriebsmaterial*, ist nicht so eindeutig für die Kostenauflösung zu definieren. Unter Betriebsmaterial versteht man Materialien, die für die Produktion verbraucht werden, jedoch nicht in das Produkt eingehen. Es sind Materialien, die zum ordnungsgemäßen Betreiben der Produktionsanlagen benötigt werden, wie z. B. Öle, Fette etc., Brenn- und Treibstoffe gehören nicht hierher, sie werden bei den Energien behandelt.

Sicher wird der Verbrauch an Betriebsmaterial steigen, wenn die Produktion steigt. Doch ein bestimmter Bodensatz wird auch verbleiben, wenn die Produktion stillsteht. Man wird zwar einem überwiegenden Teil dieses Materials Variabilität unterstellen, aber wie findet man den Rest. Ich definiere das Betriebsmaterial als variabel im Hinblick auf die Preisuntergrenze. Der fixe Bestandteil ist m. E. vernachlässigbar, insbesondere dann, wenn man das Material für die Wartung als Reparaturmaterial gesondert erfaßt.

Kleinwerkzeuge sind unabhängig von der Produktion und somit fix. Mit boshafter Zunge könnte man behaupten, daß Kleinwerkzeuge so lange variabel sind, bis jeder Mitarbeiter in seiner Heimwerkstatt den Bestand aufgefüllt hat, ab dann sind sie fix. Diese Betrachtung hat jedoch mit der Deckungsbeitragrechnung nichts zu tun und kann eventuell als Definition für diese Kostenart verwendet werden.

Die Kostenart *Material für Kleinreparaturen* umfaßt (siehe oben) Betriebsmaterial für Wartung von Produktionsanlagen, wenn sie durch Mitarbeiter des Unternehmens durchgeführt wird, und Materialien, wie Glühbirnen, Schrauben etc. Daraus ergibt sich, daß die Kostenart als fix einzustufen ist.

Die Kostenart *Versandmaterial* beinhaltet Packpapier, Versandkartons, Füllmaterial, Verpackungsschnur etc. und hat damit keinen unmittelbaren Bezug zum Produkt. Sie gehört damit zu den fixen Kosten. Sind Versandmaterialien speziell für ein Produkt notwendig, sind sie nicht mehr als Gemeinkosten, sondern als Sondereinzelkosten des Vertriebes zu verrechnen.

Bei der Kostenart ergibt sich kein Bezug zum Produkt. Auch die Zurechnung der Kostenart erfolgt in Kostenbereiche oder -stellen, die keiner Kostenauflösung unterliegen — damit ist sie fix.

Die nächste Gemeinkostengruppe, die es zu untersuchen gilt, sind die *Energien.* Diese Energiekostenarten bergen eine Reihe von Problemen für die Kostenauflösung. Dies kann in Abhängigkeit von der Energieart drei Gründe haben:

— wird die Energie bezogen oder selbst erzeugt
— vielfach ist Teilvariabilität gegeben
— betriebliche Gegebenheiten können die Kostenauflösung bestimmen.

Mit der ersten Energiekostenart *»Strom«* haben wir bereits die Teilvariabilität und die Möglichkeit der Eigenerzeugung oder des Fremdbezugs. Unterstellen wir einmal Fremdbezug, so ergeben sich drei Komponenten:

— die Grundgebühr
— der Stromverbrauch für Beleuchtung, Kaffeemaschine etc. (Sozialstrom)

— der Stromverbrauch für die Produktionsanlagen (Leistungsstrom).

In bezug auf das Produkt ist die Grundgebühr und der Sozialstrom fix, der Leistungsstrom variabel, da der Stromverbrauch bei höherem Ausstoß steigt und umgekehrt.

Die Grundgebühr ist auf der Rechnung extra ausgewiesen, eine Differenzierung von Sozial- und Leistungsstrom fehlt. Getrennte Zähler für diese beiden Stromarten gibt es fast nie.

Meine Empfehlung für die Praxis ist die, betriebliche Gegebenheiten zu untersuchen. Ist im Bereich der Fertigung der Stromverbrauch überwiegend durch Produktionsanlagen bestimmt, wird der Strom, mit Ausnahme der Grundgebühr, als variabel definiert, d. h., der Sozialstrom vernachlässigt. Wird der Strom überwiegend für Beleuchtung, Entlüftung etc. eingesetzt, gilt er als fix, der Anteil Leistungsstrom wird vernachlässigt.

Eine genauere Differenzierung der Kostenart Strom ist mit Sicherheit mit einem Aufwand verbunden, der in keinem Verhältnis mehr zum Nutzen steht.

Nahezu die gleiche Aussage gilt für die Energiekostenart *Wasser*. Auch hier gibt es die drei Komponenten Grundgebühr, Sozialwasser (Duschräume, Toiletten) und Leistungswasser (Kühlwasser). Die Kostenart ist teilvariabel. Zur Definition der Bestandteile gilt die gleiche Vorgehensweise wie bei Strom.

Anmerkung:
Wasser, das in das Produkt selbst eingeht, z. B. in der Getränkeherstellung, ist Rohstoff und ist somit als Einzelkostenwert zu verrechnen.

Bei der Energiekostenart *Gas* ist erst festzustellen, wie es verwendet wird, z. B. als Schweißgas oder Heizgas. Bei Schweißgas für den Einsatz in der Produktion gilt es als variabel und kann unter Umständen sogar als Einzelkosten verrechnet werden.

Bei Verwendung als *Heizgas* ist zu unterscheiden in die Erzeugung der Heizenergie für Raumheizung oder Heizenergie für die Produktion.

In die folgende Überlegung können gleich die Energiekostenarten Brennstoffe wie Heizöl, Kohle und Treibstoffe wie Diesel und Benzin mit einbezogen werden.

Werden die *Brenn- und Treibstoffe* eingesetzt für Raumheizung oder Betreiben eines Fuhrparkes, dann besteht keine direkte Abhängigkeit zum Produkt. Sie gelten unter diesen Umständen als fix.

Werden diese Energiearten, Heizöl, Diesel etc. für das Betreiben von Produktionsanlagen verwendet, sind sie in Abhängigkeit zum Ausstoß variabel. Diese Aussage gilt weitgehendst. Doch betriebliche Gegebenheiten können zu einer anderen Definition führen.

Ich möchte ein Beispiel aus meiner Praxis anführen. In der Keramischen Industrie werden in der Produktion Brennöfen benötigt um, wie jeder weiß, die Produkte wie Fliesen oder Geschirr zu brennen. Betrieben werden diese Brennöfen mit Heizöl oder Gas. Für mich, als damaliger Nichtkenner der Materie war die Entscheidung klar — Heizenergie ist variabel. Ich erntete aber nur das müde Lächeln des Kostenrechners dieses Unternehmens. Was ich nicht wußte war, daß die Öfen weiterbrennen müssen, auch wenn nicht produziert wird. Die Temperatur der Öfen wird zwar etwas zurückgefahren; der dadurch eintretende Minderverbrauch kann aber praktisch vernachlässigt werden.

Abschließend zum Thema Kostenauflösung bei Energiekostenarten ein paar Worte zur *eigenerstellten Energie,* wie z. B. Strom, Wasser, Dampf, Preßluft.

Es sind dafür Kostenstellen eingerichtet, auf denen alle anfallenden Kosten gesammelt werden. Nun sollen aber auch die Kostenstellen belastet werden, die diese Energie in Anspruch genommen haben. Eine sinnvolle Verteilung ist die nach der verbrauchten Energie in den einzelnen Stellen. In der Deckungsbeitragsrechnung stellt sich nun die Frage, fixe, variable, teilvariable Verrechnung in den Produktionsstellen, wenn die Energie überwiegend der Leistungserstellung dient. Ich bilde für die entsprechende Energie einen Verrechnungspreis und verrechne den Wert verbrauchter Energieeinheiten mal Verrechnungspreis voll variabel.

Sicher kann das etwas feiner gemacht werden, doch es stellt sich dann sofort die Frage nach der Aufwand-, Nutzen-Relation.

Für die Kostenart *Reparatur/Instandhaltung* ist die Frage der Kostenauflösung schwer zu beantworten. Mit Sicherheit handelt es sich um eine teilvariable Kostenart. Dies ergibt sich aus den Bestandteilen Wartungs- und Verschleißreparatur, aus denen sich diese Kostenart zusammensetzt.

Der Anteil Verschleißreparatur, der aus der Inanspruchnahme einer Produktionsanlage für die Fertigung resultiert, ist variabel. Die Wartungsreparatur kann ebenfalls variabel sein, nämlich dann, wenn der Wartungsrhythmus von der Laufzeit oder dem Ausstoß bestimmt wird (ein Beispiel aus dem Alltag: Kilometerleistung beim Auto). Ist der Wartungsrhythmus dagegen zeitlich fixiert, z. B. alle 3 Monate, so ist das Verhalten der Kostenart fix.

Eine genaue Aussage über diese Kostenart erhält man nur, wenn im Unternehmen eine Reparaturkartei über einen Zeitraum von mehreren Jahren vorliegt. Aber wo existiert so etwas schon.

Ich gehe in der Praxis meistens so vor:

— Feststellung inwieweit Wartungsverträge bzw. feste Wartungsaufträge für die Hauswerkstatt vorliegen. Die zeitabhängigen Wartungsverträge und die daraus resultierenden Kosten werden unter fix angesetzt. Alles andere ist variabel.

  Gibt es keine Wartungsverträge, wird im Hinblick auf die Preisuntergrenze die gesamte Reparatur als variabel angesetzt.

Die Kostenart *Miete* wird man grundsätzlich als fix angeben können. Eine Ausnahme kann allerdings in der Objektmiete enthalten sein. Bei gemieteten Produktionsanlagen findet man Mietvereinbarungen wie z. B. Grundgebühr plus leistungsabhängige Miete. Wobei letztere Miete durch die Laufzeit oder den Ausstoß bestimmt sein kann. Bei diesen Gegebenheiten ergibt sich eine variable Miete.

Die weiteren Kostenarten wie *Versicherung, Steuer, Post, Bewirtung* sind unproblematisch und als fix definiert. Die *Werbung* ist im allgemeinen auch fix. Nur produktbezogene Werbeaktionen werden als Sondereinzelkosten, d. h. variabel verrechnet.

Die letzten zu betrachtenden Gemeinkosten sind die Gruppe der *kalkulatorischen Kosten.*

Unproblematisch sind m. E. die *kalkulatorischen Zinsen,* der *kalkulatorische Unternehmerlohn* und die *kalkulatorischen Wagnisse.* Ein kalkulatorisches Wagnis ist nicht zwangsweise proportional abhängig von der Produktionsleistung, deshalb rechne ich die genannten kalkulatorischen Kosten den fixen Kostenarten zu.

Anders stellt sich die Situation bei der *kalkulatorischen Abschreibung* dar. Die Abschreibung besteht wie die Reparatur aus zwei Komponenten:

— Abschreibung aufgrund des Alterungsprozesses als zeitabhängige Komponente;

— Abschreibung aufgrund des Produktionsprozesses als leistungs- bzw. verschleißabhängige Komponente.

Es klingt ganz einfach, die erste Komponente ist fix, die zweite variabel. Die Schwierigkeit liegt in der Ermittlung des zeit- und verschleißabhängigen Anteils aus der Gesamtabschreibung.

Ist der verschleißabhängige Abschreibungsteil bekannt, bezieht man den Anteil auf die Leistungseinheiten, die in der Periode für die die Abschreibung gilt, erzeugt werden sollen und man erhält den variablen Abschreibungswert pro Leistungseinheit. Es sind Methoden für die Aufgliederung der Abschreibung in fix und variabel ausgedacht worden, wie treffsicher sie sind, will ich hier nicht beurteilen.

Ich setzte die Abschreibung nur dann als variabel ein, wenn ein Produktionsaggregat ausschließlich für einen Auftrag angeschafft und eingesetzt wird. Dann allerdings verrechne ich die Kosten vollvariabel als Sondereinzelkosten der Fertigung. Ansonsten folge ich einer anderen Betrachtungsweise für die Behandlung der Abschreibungen.

Eine Unterscheidung in alters- und verschleißbedingte Abschreibung wird nicht getroffen. Die Abschreibung wird einfach auf eine Einsatzzeitspanne, nämlich die Schicht, bezogen.

Als Basis gilt, daß eine Schicht 8 Stunden hat. Kennt man die Abschreibung pro Schicht, kann man den Abschreibungsbetrag auch pro halbe Schicht, eineinhalb oder zwei Schichten errechnen.

Innerhalb einer solchen Spanne bleibt die Abschreibung konstant, also leistungsunabhängig. Damit gilt die Abschreibung als fix und verhält sich bei Übergang von einer Schichtzeit in eine andere sprungfix.

Soviel zur Kostenauflösung im Gemeinkostenbereich und deren Schwierigkeiten. Es sind glücklicherweise nur wenige Kostenarten, die variabel oder teilvariabel sind.

Nicht immer sind eindeutige Aussagen möglich. Zudem sind in der Praxis die betriebsindividuellen Gegebenheiten mit einzubeziehen. Deshalb sind die Ausführungen zur Kostenauflösung als Leitfaden zu verstehen.

In Abwandlung des Sprichwortes »drum prüfe, wer sich ewig bindet«, könnte man sagen »drum prüfe, wer sich endgültig entscheidet«.

Hinterläßt die Methode des gezielten Nachdenkens irgendwo das Gefühl der Unsicherheit, ist eine Beruhigung des Gewissens mit Hilfe z. B. der rechnerischen Methode möglich. Hilft auch das nicht, so entscheidet man sich für eine Richtung. Die Ist-Zahlen der nächsten Abrechnungsperioden bestätigen die Entscheidung oder zwingen zum Umdenken. Ein Beinbruch — gewiß nicht!

Auf den folgenden Seiten ist eine Gemeinkostenübersicht mit Kostenauflösungsdefinition dargestellt.

Gemeinkostenübersicht mit Kostenauflösungsdefinition

Gemeinkostenart	Kostenauflösung
Fertigungslohn indirekt	variabel
Hilfslohn aus Fertigungslohn	fix
Hilfslohn	fix
Ausfallohn	
— Urlaub	fix
— Feiertag	fix
— Krankheit	fix
— sonstiger Ausfall (Betriebsrat, Schöffe)	fix
Gesetzlich, tarifliche Sozialabgaben Lohn	
— Arbeitgeberanteil	in Abhängigkeit der Basis fix/variabel
— Berufsgenossenschaft	fix
— Lohnfortzahlung	fix
— Vermögenswirksame Leistung	fix
— Weihnachtsgeld (tariflich)	fix

— Fortsetzung nächste Seite —

Gemeinkostenübersicht — **Fortsetzung** —

— Urlaubsgeld (tariflich)	fix
— Altersversorgung	fix
Freiwillige Sozialabgaben Lohn	
— Jubiläen (Hochzeit, Geburt etc.)	fix
— Betriebsfeste	fix
— Fahrgeld	fix
— Essenszuschuß	fix
— Arbeitskleidung	fix
— Weihnachtsgeld (freiwillig)	fix
Gehalt	fix
Gesetzlich, tarifliche Sozialabgaben Gehalt	fix
Freiwillige Sozialabgaben Gehalt	fix
Personalnebenkosten	
— Mitarbeiteranwerbung	fix
— Mitarbeiterschulung (wenn Bildungsurlaub, dann gesetzlich, tariflich)	fix
Hilfsmaterial	variabel
Betriebsmaterial	teilvariabel
Kleinwerkzeuge	fix
Material Kleinreparaturen	fix
Versandmaterial	fix
Büromaterial	fix
Energie	
— Strom	teilvariabel
— Wasser	teilvariabel
— Gas	teilvariabel
— Brennstoffe	teilvariabel
— Treibstoffe (Dampf, Preßluft meist Eigenerzeugung mit eigenen Kostenstellen)	fix

— Fortsetzung nächste Seite —

Gemeinkostenübersicht **— Fortsetzung —**

Reparatur/Instandhaltung	teilvariabel
Raummiete	fix
Objektmiete	fix oder variabel
Versicherung	
— Betriebsunterbrechung	fix
— Feuer	fix
— Haftpflicht	fix
— Diebstahl	fix
— Kfz	fix
Steuern	
— Vermögen	fix
— Grund	fix
— Gewerbekapital	fix
— Kfz	fix
Beratung	fix
Beiträge, Gebühren	fix
Telefon, Fernschreiber	fix
Postkosten	fix
Frachten	fix
Werbung	fix
Reisespesen	fix
Bewirtung	fix
Kalkulatorische Kosten	
— Abschreibung	teilvariabel/fix
— Zins auf Anlagevermögen	fix
— Zins auf Umlaufvermögen	fix
— Vertriebswagnis	fix
— Beständewagnis	fix
— Fertigungswagnis für Ausschuß, Nacharbeit und Garantie	fix
— Unternehmerlohn	fix

3.4 Verrechnung der variablen Gemeinkosten auf das Produkt

Die im Bereich der Gemeinkosten angefallenen variablen Kostenarten sind auf die Produkte zu verrechnen. Die Verrechnung erfolgt auf Basis der Leistung, die auch Grundlage für die Definition der variablen Kosten bildete.

Nachdem alle variablen Kosten einer Kostenstelle auf Basis der gleichen Leistung definiert werden, von dieser Leistung also unmittelbar beeinflußt werden, können sie für die Weiterverrechnung auf das Produkt zusammengefaßt werden.

Es wird durch Division der gesamten variablen Kosten einer Kostenstelle durch die Summe der Leistung dieser Kostenstelle ein Verrechnungssatz je Leistungseinheit gebildet.

Dieser Verrechnungssatz multipliziert mit den Leistungseinheiten, die ein Produkt auf dieser Kostenstelle in Anspruch genommen hat, ergibt den Betrag variable Gemeinkosten, die dem Produkt zu belasten sind.

Beispiel

Ein Produkt läuft über zwei Kostenstellen in der Fertigung und benötigt auf der Stelle X 3 Fertigungsstunden und auf der Stelle Y 5 Fertigungsstunden.

Für die Kostenstelle X wurde ein Verrechnungssatz von DM 12,— und für die Kostenstelle Y ein Verrechnungssatz von DM 8,— je Leistungseinheit = Fertigungsstunde für die variablen Gemeinkosten ermittelt.

Das Produkt A ist demnach mit folgenden variablen Gemeinkosten zu belasten:

— aus Stelle X mit 3 Stunden × DM 12,— = DM 36,—
— aus Stelle Y mit 5 Stunden × DM 8,— = DM 40,—.

Als Leistungseinheit für die Verrechnungssatzbildung und Weiterverrechnung können neben den

— Fertigungsstunden auch
— Maschinenstunden,
— der Ausstoß gemessen in Stück, Liter, Kilogramm etc. und
— technische Einheiten wie Walzenumdrehung, Hubzahl etc.

verwendet werden.

Die Leistungseinheit für die Kostenauflösung in der Kostenstelle und die Weiterverrechnung der variablen Kosten auf das Produkt sollte aber die gleiche sein. Bekanntlich soll man Äpfel und Birnen nicht vergleichen.

3.5 Behandlung der fixen Kosten

Die Entstehung der fixen Kosten vollzieht sich ausschließlich im Bereich der Gemeinkosten. Das bedeutet, daß im Betriebsabrechnungsbogen alle fixen Kosten ablesbar sind. Kehren wir noch einmal zur ersten Stufe der Kostenauflösung zurück, wo wir definiert haben, in welchen Kostenbereichen variable Kosten anfallen. In der von mir vorgeschlagenen Betrachtungsweise zeigen sich variable Kosten, die unser volles Interesse verdienen, praktisch nur im Fertigungshauptbereich.

Daneben fallen im Fertigungshauptbereich auch noch fixe Kosten an (siehe Stufe 2 der Kostenauflösung).

Addiert man die fixen Kosten aus dem Fertigungshauptbereich mit den Kosten aller anderen Kostenbereiche, erhält man alle Fixkosten.

Die Darstellung der Fixkosten erfolgt zunächst in einer Summe, dem Fixkostenblock. (S. 49 oben: Summe Fixkosten der Kostenstellen)

Diesen ermittelten Fixkosten stellt man die Summe aller erzielten Deckungsbeiträge gegenüber, um festzustellen, ob die Fixkosten bereits gedeckt sind oder nicht.

Hier zeigt sich allerdings ein kleines Problem. Die tatsächlich angefallenen Fixkosten für ein Geschäftsjahr sind erst am Ende des Geschäftsjahres bekannt.

Das Feststellen der Kostenüber- oder Kostenunterdeckung ist also nur dann während eines Geschäftsjahres möglich, wenn für den Fixkostenblock eine Planungsrechnung vorliegt.

Gibt man sich jedoch damit zufrieden, daß nur die Über- oder Unterdeckung der fixen Kosten in der Fortschreibung der bereits abgeschlossenen Abrechnungsperioden errechnet wird, so ist darauf hinzuweisen, daß Kostenarten, die einer Abgrenzung unterliegen und die kalkulatorischen Kosten periodengerecht in den Fixkostenblock einzurechnen sind. Dadurch können die bösen Überraschungen gemildert werden.

Auf ein paar Dinge möchte ich hier noch hinweisen, auch auf die Gefahr hin, daß sie von banaler Bedeutung sind.

— Bei Einsatz der Deckungsbeitragsrechnung entfällt im Betriebsabrechnungsbogen die Umlagenverrechnung.

— Aus diesem Grunde gibt es keine sekundären Gemeinkosten.

— Für Verwaltungs-, Vertriebs-, Material- und fixe Fertigungsgemeinkosten gibt es keine Zuschlagsätze. Dies ist Sache der Vollkostenrechnung.

Umseitig ist in einem Schaubild noch einmal dargestellt, welche Auswirkung die Deckungsbeitragsrechnung im Gemeinkostenbereich hat.

Schaubild: Auswirkung der Deckungsbeitragsrechnung im Gemeinkostenbereich

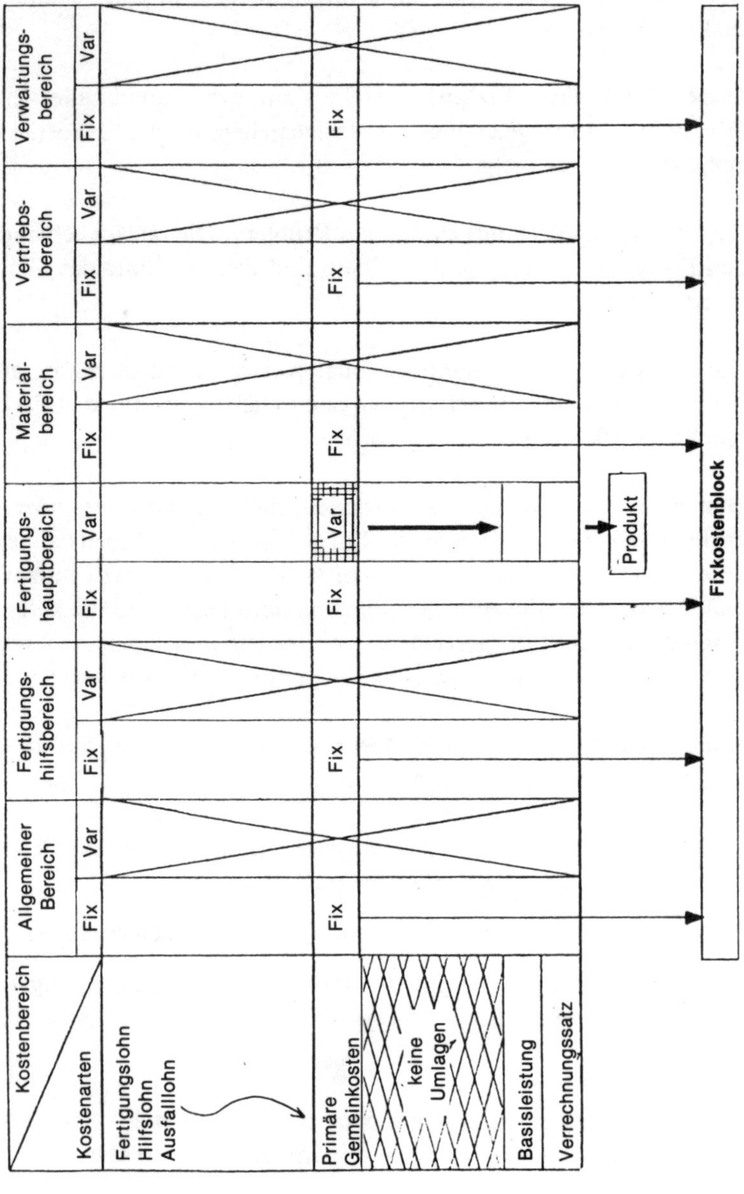

4 Die Kalkulation mit Deckungsbeiträgen

Inhaltsübersicht

Die Kalkulation mit Deckungsbeiträgen hat für mich zwei Aspekte. Zum einen ist die Ermittlung der Kosten einfacher, zum anderen erscheint mit die Preisermittlung schwieriger. Wobei nicht der Rechenvorgang gemeint ist, denn eine Prozentrechnung im oder auf Hundert ist erlernbar. Vielmehr ist hier die Grundsatzüberlegung gemeint, denn bei der Kalkulation mit Deckungsbeiträgen gibt es keinen Gewinnaufschlag wie bei der Vollkostenrechnung, sondern einen Deckungsbeitragsaufschlag.

Doch bevor dieser Gedanke weiter vertieft wird, betrachten wir zuerst die Ermittlung der Kosten eines Produktes.

4.1 Die variablen Herstellkosten

Wie bei einer Kalkulation üblich, wird auch hier erst einmal ermittelt, welche Kosten ein Produkt bei der Herstellung verursacht.

Im Gegensatz zur Vollkostenrechnung interessieren aber ausschließlich die unmittelbar dem Produkt zurechenbaren Kosten, die variablen Kosten.

Zu diesen variablen Kosten zählen alle Einzelkosten, wie Kosten für eingesetztes Material, Fertigungslöhne, Sondereinzelkosten der Fertigung und ein Teil variable Gemeinkosten.

Unter *Sondereinzelkosten der Fertigung* sind solche Kosten zu verstehen, die speziell für ein Produkt anfallen. Das können sein Produktionslizenz, Modellkosten, Formenkosten, Werkzeugkosten, Fremdleistungen.

Die *variablen Gemeinkosten* werden in der Betriebsabrechnung ermittelt. Es sei nochmal darauf hingewiesen, daß die variablen Gemeinkosten nur auf den Kostenstellen des Fertigungshauptbereiches anfallen (siehe Kapitel 3.3). Der Teil von Gemeinkosten, der in der Kalkulation zu berücksichtigen ist, sind variable Fertigungsgemeinkosten.

Die Kostenermittlung im Rahmen der Deckungsbeitragsrechnung sieht vereinfacht wie folgt aus:

Kosten für eingesetztes Material
+ Fertigungslohn
+ Sondereinzelkosten der Fertigung
+ variable Fertigungsgemeinkosten
= variable Herstellkosten

Sicher wird ein zu erstellendes Produkt mehrere Materialien benötigen und auch über mehrere Kostenstellen laufen bis es endgültig fertiggestellt ist. Es kann also pro Kalkulationsposition mehrere Zeilen geben. Doch bei den variablen Herstellkosten ist die Kostenermittlung am Ende.

Den Begriff der Selbstkosten, der in der Vollkostenrechnung den gesamten Kostenanfall für das Produkt ausdrückt, gibt es in der Deckungsbeitragsrechnung nicht.

Eine Kostenposition in der Kalkulation wurde bisher noch nicht angesprochen, die *Sondereinzelkosten des Vertriebes.* Es gibt Kostenrechner, die diese Kosten den Herstellkosten zuschlagen. Sie definieren dann variable Herstellkosten I, wenn die Sondereinzelkosten Vertrieb nicht addiert und variable Herstellkosten II, wenn sie addiert sind.

Ich folge dieser Auffassung nicht, weil die Herstellkosten die Kosten darstellen, die ein Produkt bei der Erstellung verursacht hat. Die Sondereinzelkosten des Vertriebes, das sagt ja auch der Name aus, entstehen beim oder durch den Verkauf des Produktes, also können es keine Herstellkosten sein. Deshalb setze ich diese Kosten als Umsatzminderung an, da im Vorgang des Verkaufes sich der unmittelbare Bezug von Umsatz und Sondereinzelkosten Vertrieb ergibt.

Kalkulationsbeispiel:

Kalkuliert werden soll das Produkt a.
Die Kalkulationseinheit ist 1 Stück.

Der Materialeinsatz beträgt:

10 Meter Material X; Wert pro Meter DM 4,—
20 Stück Material Y; Wert pro Stück DM 0,50
1 Liter Material Z; Wert pro Liter DM 30,—

Die Fertigung erfolgt über:

Kostenstelle 10; Verrechnungssatz variable Gemeinkosten DM 20,—
Zeitbedarf für die Fertigung Produkt A 1,5 Std.
Kostenstelle 12; Verrechnungssatz variable Gemeinkosten DM 25,—
Zeitbedarf für die Fertigung Produkt A 2,0 Std.

Für den Vertrieb gilt:

Vertreterprovision 4 % vom Umsatz.

Pro verkauftes Produkt A ist eine Verkaufslizenz von DM 20,— zu bezahlen.

Das Produkt hat einen festen Verkaufspreis von DM 250,—.

Kalkulation Teil 1: Ermitteln variable Herstellkosten

— Material X 10 m × DM 4,—	DM 40,—
— Material Y 20 St. × DM 0,50	DM 10,—
— Material Z 1 Ltr. × DM 30,—	DM 30,—
Summe Materialkosten	DM 80,—
— Kostenstelle 10 1,5 Std. × DM 20,—	DM 30,—
— Kostenstelle 12 2,0 Std. × DM 25,—	DM 50,—
Summe variable Gemeinkosten	DM 80,—
— variable Herstellkosten	DM 160,—

Kalkulation Teil 2: Ermitteln Deckungsbeitrag

— Erzielbarer Verkaufspreis brutto	DM 250,—
— Sondereinzelkosten Vertrieb	
÷ Provision 4 %	DM 10,—
÷ Verkaufslizenz	DM 20,—

Erzielbarer Verkaufspreis netto	DM 220,—
÷ variable Herstellkosten	DM 160,—
Deckungsbeitrag	DM 60,—

Dieses Kalkulationsbeispiel geht davon aus, daß der Verkaufspreis bekannt ist, d.h., es ist der erzielbare Deckungsbeitrag zu ermitteln. Diese Art der Kalkulation ist in der heutigen Marktsituation häufig anzutreffen, weil der Preis eines Produktes durch den Markt bereits vorgegeben ist. Das Unternehmen kann nur noch das Verhalten eines Mengenanpassers annehmen.

Mit dieser Kalkulation kann festgestellt werden, ob der vorgegebene Verkaufspreis einen für das Unternehmen akzeptablen Deckungsbeitrag ermöglicht.

Im nächsten Beispiel soll nicht der Deckungsbeitrag, sondern der Bruttoverkaufspreis kalkuliert werden. Grundlage ist wieder Produkt A.

Bekannt sind die variablen Herstellkosten in Höhe von DM 160,—. Ebenso die Sondereinzelkosten des Vertriebes, d.h. 4 % Provision und DM 20,— Verkaufslizenzen.

Drei Größen sind noch unbekannt:

— der Deckungsbeitrag
— der erzielbare Verkaufspreis netto
— der erzielbare Verkaufspreis brutto.

Nachdem der Verkaufspreis ermittelt werden soll, muß der Deckungsbeitrag, den man zu erzielen wünscht, festgelegt werden. Der Deckungsbeitrag kann nun als absoluter Wert in DM oder in Prozent angegeben werden.

Fall 1:
Der gewünschte Deckungsbeitrag soll DM 60,— betragen.

Gewünschter Deckungsbeitrag	DM 60,—
+ variable Herstellkosten	DM 160,—
= Verkaufspreis netto	DM 220,—
+ Verkaufslizenz	DM 20,—
Basis 96 %	DM 240,—
+ Provision 4 % (4,17 % auf Basis)	DM 10,—
= Verkaufspreis brutto	DM 250,—

Fall 2:
Der gewünschte Deckungsbeitrag soll 30 % betragen. Wobei nur der Ansatz auf den Brutto- oder Nettoverkaufspreis erfolgen kann. Das Beispiel, und das ist auch das übliche, bezieht sich auf den Bruttopreis.

Als DM-Beträge sind bekannt die variablen Herstellkosten und die Verkaufslizenz.

Deckungsbeitrag	30 %	DM 82,—
variable Herstellkosten		
+ Verkaufslizenz	66 %	DM 180,—
Provision	4 %	DM 11,—
Verkaufspreis brutto	100 %	DM 273,—

Der Kalkulationsvorgang ist bestimmt einfach, ebenso die Ermittlung eines Deckungsbeitrages bei bekanntem Verkaufspreis. Die Schwierigkeit liegt m. E. in der Festlegung des Deckungsbeitrages, sei es in DM oder Prozent, wenn eine Preisermittlung erfolgen soll.

In der *Vollkostenrechnung* werden alle Kosten auf das Produkt gerechnet und man macht einen Zuschlag für den Gewinn. Ob richtig oder falsch sei dahingestellt, aber diese Gewinnvorstellung ist zunächst mal einleuchtend.

In der *Teilkostenrechnung* werden nur Teile von Kosten auf das Produkt verrechnet und man hat einen Zuschlag für Deckungsbeitrag zu machen. Reicht dieser Zuschlag aus, um die anderen Kosten zu decken und vielleicht auch noch für ein bißchen Gewinn? Am Anfang werden mit diesem Betrag nur Kosten gedeckt; sind sie gedeckt, ist der ganze Betrag Gewinn. Man wird von einer gewissen Unsicherheit überfallen.

Man hat bei der Kalkulation mit Deckungsbeiträgen einen gewissen Gewöhnungsprozeß zu durchlaufen, wenn man dieses Recheninstrument in der Vorkalkulation für die Preisermittlung einsetzt. Am sichersten ist, wenn man parallel zur Vorkalkulation, ausgenommen natürlich Einzelfertigung, eine Absatzprognose für das Produkt aufstellt.

Abschließend zum Kapitel Kalkulation ein Erlebnis aus der Beratung. In einem Unternehmen in Dortmund, das Deckungsbeitragsrechnung einführen wollte, haben wir die bisher erzielten Deckungsbeiträge je Produktgruppe errechnet, um Basiszahlen für die Kalkulation zu bekommen. Als der Unternehmer die Deckungsbeitragsprozentsätze erfuhr, war sein Kommentar, »schön, daß meine Produkte so hohen Gewinn erwirtschaften«. Vielleicht sind jetzt meine obigen Ausführungen verständlicher.

Formularmuster für eine Deckungsbeitragskalkulation — Vor- und Nachkalkulation

Produktbezeichnung						Produktnummer	
Kalkulationseinheit	Menge Soll Gesamt		Menge Ist Gesamt		Datum Vorkalk.: Datum Nachkalk.:		
Bezeichnung	Menge		Bewertung Satz	variable Kosten		Abweichg.	
	Soll	Ist		Soll	Ist	DM	%
Material							
Summe Material							
Sondereinzelkosten Fertg.							
Summe Sondereinzelkosten							
Fertigungslohn							
Summe Fertigungslohn							
variable Fertigungsgemeinkosten							
Summe variable Fertigungsgemeinkosten							
Summe variable Herstellkosten							
Verkaufspreis brutto							
Sondereinzelkosten Vertrieb							
./.							
./.							
= Verkaufspreis netto							
./. variable Herstellkosten			%				
= Deckungsbeitrag			%				

4.2 Die Preisuntergrenze

Eine Kalkulation durchzuführen und einen Verkaufspreis festzulegen ist eine Sache. Eine andere Sache ist, ob der Preis vom Absatzmarkt akzeptiert wird, bzw. ob der Mitwettbewerber diesen Preis unterbietet.

Die Frage ist, was kann man in einer solchen Situation tun, d.h., wie weit kann der Preis nach unten korrigiert werden um noch als ernsthafter Mitanbieter auch dabei zu sein. Es taucht das Schlagwort »Kampfpreis« auf.

Ein Vollkostenrechner hat zuerst seinen Gewinnzuschlag korrigiert oder gar ganz unter den Tisch fallenlassen. Hat das auch nicht ausgereicht, wurden aus den Zuschlagsätzen die anteiligen kalkulatorischen Kosten herausgerechnet. War auch das nicht ausreichend, zog man sich als Anbieter zurück oder man hat einen Verlustauftrag hereingeholt. Seltsam war nur, daß einige Firmen mit solchen Verlustaufträgen ganz gut über die Runden kamen.

Übersehen wurde dabei einfach die Tatsache, daß ein Produkt, das nach Vollkostenkalkulation bereits einen Verlust aufweist, durchaus noch einen vernünftigen Deckungsbeitrag erzielen kann. Die Deckungsbeitragsrechnung bietet im Wettbewerb, insbesondere wenn die Preise der Mitbewerber bekannt sind, eine gute Möglichkeit, Entscheidungen zu treffen.

Die *absolute Preisuntergrenze* ist der Wert der variablen Herstellkosten. Unter diesem Wert zu verkaufen heißt, bei jedem Verkauf wird bares Geld zugesetzt. Dies ergibt sich daraus, daß die variablen Kosten doch nur entstehen, wenn ein Produkt gefertigt wird.

Bei der Diskussion um die absolute Preisuntergrenze werde ich immer an die beiden Obsthändler am Münchener Hauptbahnhof erinnert. Beide verkauften Birnen, der eine das Kilo um DM 2,50, der andere um

DM 1,25. Der billige Birnenjakob hat reißenden Absatz zu verzeichnen, der andere bleibt auf seinen Birnen sitzen. In einer Pause spricht der eine Obsthändler den Birnenjakob an und erklärt ihm, daß es nicht gutgehen kann, wenn er seine Birnen um DM 1,25 verkauft, da sie doch beide im Einkauf DM 1,70 hätten bezahlen müssen. Die Antwort war einfach: »Bei mir bringt's die Menge.«

Bei dieser Methode kann man nur ein Erfolgserlebnis haben, daß nämlich eines Tages der Verlust höher als der Umsatz ist. Sicher kann es nicht der Sinn sein, zur Preisuntergrenze zu verkaufen, denn es sind auch die fixen Kosten zu decken. Doch anders herum betrachtet bedeutet jeder Verkaufspreis, der über der absoluten Preisuntergrenze liegt, einen erwirtschafteten Deckungsbeitrag, der mithilft, die fixen Kosten abzubauen.

Die Deckungsbeitragsrechnung bietet durch die Kenntnis der absoluten Preisuntergrenze eine ausgezeichnete Möglichkeit zur Variierung des Verkaufspreises in einer Wettbewerbssituation.

4.3 Die Bewertung der Produkte

Beim Einsatz der Deckungsbeitragsrechnung erhebt sich immer wieder die Frage nach der Bewertung der Produkte. Bei der Kalkulation eines Produktes ergeben sich ausschließlich die variablen Herstellkosten. Für den Ansatz der Produktbestände zu variablen Herstellkosten gibt es nach handelsrechtlichen Gesichtspunkten keine Einwände.

Anders sieht das natürlich im Hinblick auf das Steuergesetz aus. Ich will hier nicht die Frage behandeln, ob nicht auch nach dem Steuergesetz der Ansatz der variablen Herstellkosten für die Bewertung der Produktbestände sinnvoll und möglich wäre. Darüber zu philosophieren überlasse ich lieber Fachleuten aus der Steuer- und Wirtschaftsprüfung.

Ich versuche einen Weg aufzuzeigen, der trotz Einsatz der Deckungsbeitragsrechnung eine Produktbewertung nach steuerrechtlichen Vorschriften möglich macht, und m. E. auch für den Fiskus akzeptabel ist.

Der Paragraph 33 der Einkommensteuerrichtlinien gibt genau Auskunft darüber, welche Kosten für die Bewertung von Produkten anzusetzen sind. Unproblematisch sind dabei die Einzelkosten, denn sie werden in der Deckungsbeitragskalkulation ohnehin erfaßt. Die Schwierigkeiten liegen bei den Gemeinkosten, die bei Einsatz der Deckungsbeitragsrechnung sich überwiegend im Fixkostenblock wiederfinden.

Der zitierte Paragraph besagt aber, daß neben den Materialkosten die Materialgemeinkosten, die Lohnkosten, Fertigungsgemeinkosten anzusetzen sind. Für die Verwaltungsgemeinkosten besteht ein Wahlrecht für einen anteiligen Ansatz, während die Vertriebs-Gemeinkosten überhaupt nicht angesetzt werden dürfen (die genauen Bewertungsansätze sind dem § 6 des Einkommensteuergesetzes und dem § 33 der Einkommensteuerrichtlinien zu entnehmen).

Die Bewertung der Bestände an Halb- und Fertigfabrikaten und deren Ansatz nach steuerlichen Gesichtspunkten ist einmal im Jahr zum Stichtag der Steuerbilanz vorzunehmen.

Die vorgeschlagene Bewertungsmethode bewertet nicht das einzelne Produkt, sondern den gesamten Bestand aller Halb- und Fertigfabrikate. Folgende Schritte sind durchzuführen:

1. Schritt:
Zum Bilanzstichtag ist eine Inventur vorzunehmen und die gezählten Bestände mit den variablen Herstellkosten zu bewerten.

2. Schritt:
Für das abgelaufene Bilanzjahr ist die Summe aller angefallenen variablen Herstellkosten zu ermitteln.

3. Schritt:
Ebenso sind für das abgelaufene Bilanzjahr alle angefallenen Fixkosten festzustellen.

4. Schritt:
Der ermittelte Fixkostenblock ist um die Gemeinkosten, z.B. Vertriebsgemeinkosten, Verwaltungsgemeinkosten, zu bereinigen.

Schritt drei und vier sind sehr schnell abzuwickeln, wenn ein guter Betriebsabrechnungsbogen geführt wird.

5. Schritt:
Die bereinigten Fixkosten sind in Relation zu den variablen Herstellkosten zu setzen. Der errechnete Faktor sagt aus, wieviel Prozent die Fixkosten in bezug auf die variablen Kosten ausmachen.

6. Schritt:
Dieser Prozentsatz wird auf die variablen Herstellkosten angewendet, die sich laut Inventur ergeben haben. Dadurch erhält man die anteiligen Fixkosten, die auf den Inventurbestand entfallen.

7. Schritt:
Variable Herstellkosten laut Inventur plus anteilige Fixkosten ergibt den Gesamtwert für den Bilanzansatz.

Für diese sieben Schritte ein Zahlenbeispiel.

1. Schritt:
Inventurbestand zu variablen Herstellkosten DM 500 000,—.

2. Schritt:
Gesamte variable Kosten für das abgelaufene Jahr DM 4 000 000,—.

3. Schritt:
Gesamte Fixkosten für das abgelaufene Jahr DM 1 800 000,—.

4. Schritt:
Bereinigung der Fixkosten

DM 1 800 000,—		
÷ DM 500 000,—	Vertriebsgemeinkosten	
÷ DM 300 000,—	Verwaltungsgemeinkosten	
= DM 1 000 000,—	Fixkosten für die Bewertung	

5. Schritt:
Variable Herstellkosten 4 000 000,— = 100 %
Fixkosten Bewertung 1 000 000,— = Faktor

$$\text{Faktor}\ \frac{1\,000\,000 \times 100}{4\,000\,000} = 25\ \%$$

6. Schritt:
Variable Herstellkosten Inventur 100 % = 500 000,—
Anteilige Fixkosten Inventurbestand 25 % = ?

$$\text{Fixkosten}\ \frac{500\,000 \times 25}{100} = 125\,000{,}\text{—}$$

7. Schritt:
Gesamtwert für Bilanzansatz

variable Herstellkosten Inventur	DM 500 000,—
anteilige Fixkosten	DM 125 000,—
Bilanzwert	DM 625 000,—

Ich möchte nochmals betonen, daß diese Vorgehensweise als Vorschlag zu werten ist und vor einem Einsatz mit dem zuständigen Finanzamt abzustimmen ist.

5 Die Rentabilitätsbestimmung mit der Deckungsbeitragsrechnung

Inhaltsübersicht

Die bis jetzt behandelten Aktivitäten waren notwendig, um die Deckungsbeitragsrechnung aufzubauen. Der nächste Schritt ist, das Instrument Deckungsbeitragsrechnung so einzusetzen, daß Entscheidungsgrundlagen für die Steuerung eines Unternehmens abgeleitet werden können.

5.1 Wann entsteht Gewinn?

Wie bereits ganz zu Anfang des Buches begründet, ist die Erwirtschaftung eines Gewinnes für ein Unternehmen überlebenswichtig. Wann kann man aber feststellen, ob sich für ein Geschäftsjahr ein Gewinn abzeichnet oder nicht?

Nach bisheriger Praxis wußte man erst am Ende eines Jahres wie die Verhältnisse unter dem Strich, d.h. Gewinn oder Verlust, aussahen. Dieser Zustand kann für eine engagierte Unternehmensleitung nicht sonderlich befriedigend sein.

Um dem Überraschungseffekt am Ende des Jahres die Spitze zu nehmen, muß bereits möglichst früh im laufenden Geschäftsjahr eine Gewinnrechnung aufgestellt werden. Je eher man eine Information über die Gewinnentwicklung erhält, desto früher kann man Maßnahmen ergreifen, eine gegebene Situation zu ändern. Und es ist auch ein genauso gutes Gefühl, eine Bestätigung über einen guten Geschäftsablauf zu bekommen.

Dabei ist nicht eine bestechende Genauigkeit des errechneten Ergebnisses ausschlaggebend, sondern der sich abzeichnende Trend.

Es soll also festgestellt werden, ob überhaupt und wenn ja wann in einem laufenden Geschäftsjahr die *Gewinnschwelle* überschritten wird.

Wir benutzen dazu die bekannte Formel der kritischen Stückzahl, wenden diese jedoch nicht auf ein Produkt, sondern auf das Gesamtunternehmen an. Die Stückzahl ersetzen wir durch eine Zeiteinheit, den Tag.

Die Formel lautet dann:

$$\text{Zeitpunkt der Gewinnschwellenüberschreitung in Tagen} = \frac{\text{Fixkosten des Geschäftsjahres}}{\text{Deckungsbeitrag je Tag}}$$

Für die Durchführung der Rechnung sind ein paar vereinfachende Annahmen zu machen:

Das Jahr wird mit 360 Tagen, der Monat mit 30 Tagen angesetzt. Der Rechnung müssen selbstverständlich einige fundierte Zahlen zugrunde liegen. Das bedeutet, daß etwa nach drei abgelaufenen Monaten des Geschäftsjahres die erste Gewinnschwellenrechnung durchgeführt werden kann.

Neben den Fixkosten des Jahres, die durch eine Planungsrechnung ermittelt werden, ist der Deckungsbeitrag je Tag zu errechnen. Dazu ist zuerst der Umsatz der für die Rechnung gültigen Periode heranzuziehen. Für die gleiche Periode sind die variablen Kosten zu ermitteln, und damit kann der Deckungsbeitrag der Periode errrechnet werden. Der Deckungsbeitrag wird durch die Tage der Periode dividiert und das ergibt den Deckungsbeitrag je Tag. Teilt man im nächsten Schritt die Fixkosten des Jahres durch den Deckungsbeitrag je Tag, erhält man den Tag, an dem die Gewinnschwelle erreicht wird.

Beispiel

Betrachtete Periode sind die ersten vier Monate des Geschäftsjahres, d.h. laut Annahme 120 Tage.

Die Fixkosten des Geschäftsjahres betragen DM 800 000,—.

Der Umsatz der ersten vier Monate weist DM 3 000 000,— aus.

Die dem erzielten Umsatz entgegenstehenden variablen Kosten ergeben einen Betrag von DM 2 520 000,—.

Der Deckungsbeitrag errechnet sich mit DM 480 000,—.

$$\text{— Deckungsbeitrag je Tag} = \frac{480\,000,\text{—}}{120} = \text{DM } 4\,000,\text{—}$$

$$\text{— Gewinnschwellentag} = \frac{800\,000,\text{—}}{4\,000,\text{—}} = 200$$

Das heißt, daß am 200sten Tag des Geschäftsjahres die Gewinnschwelle erreicht wird. In Monaten ausgedrückt heißt dies gegen Ende des 7. Monats (Monatsansatz 30 Tage).

Sicher ist diese Rechnung mit einigen Mängeln behaftet. Die Aussage trifft in dieser Form nur zu, wenn die folgenden Monate sich in etwa ebenso verhalten wie die Monate, die der Rechnung zugrunde gelegt werden.

Trotzdem bin ich der Meinung, daß die Rechnung für die Bestimmung der Tendenz gut einsetzbar ist.

Darüber hinaus kann die Rechnung noch etwas verfeinert werden. Treten saisonale Schwankungen auf, können durch Zuordnung von Saisonfaktoren die Zahlen der zugrunde gelegten Perioden bereinigt werden.

Die vereinfachte Annahme Jahr 360 und Monat 30 Tage kann dadurch verbessert werden, daß die Arbeitstage des Jahres und der Monate eingesetzt werden.

Ich möchte nochmal betonen, daß hier keine auf Punkt und Komma stimmende Rechnung beabsichtigt ist, sondern eine Bestimmung der Situation, um festzustellen, ob das gesteckte Ziel erreichbar erscheint, oder Maßnahmen einzuleiten sind, weil eine gravierende Abweichung vom Ziel erkennbar ist.

Die Gewinnschwellenermittlung ist auch graphisch durchführbar. Die graphische Darstellung kann sehr schnelle Informationen über die Verschiebung der Gewinnschwelle vermitteln, wenn eine der drei Komponenten Umsatz, variable Kosten oder Fixkosten eine Veränderung erfährt.

In einem Koordinatenkreuz wird auf der X-Achse die Zeit und auf der Y-Achse der Umsatz und die Kosten eingetragen. In dieses Koordinatenkreuz wird ein definierter Zustand der drei Komponenten eingetragen. Die Umsatz- bzw. Kostengeraden können sich aus einer Planung oder aus einer abgelaufenen Ist-Periode ergeben.

Die Fixkosten als zeitunabhängige Kosten zeigen sich als Gerade zur X-Achse (Zeitachse).

Der Umsatz ergibt sich als ansteigende Gerade beginnend bei dem Nullpunkt.

Die variablen Kosten beginnen als steigende Gerade im Schnittpunkt der Fixkostengeraden mit der Y-Achse, so daß die sich ergebende Gerade die Gesamtkosten darstellt.

Der Schnittpunkt der Gesamtkosten — mit der Umsatzgeraden — ergibt die Gewinnschwelle.

Zieht man nun eine senkrechte Linie vom Gewinnschwellenpunkt zur X-Achse, erhält man den Zeitpunkt, an dem die Gewinnschwelle erreicht wird.

Den Umsatz, mit dem die Gewinnschwelle erreicht wird, erhält man, wenn eine senkrechte Linie vom Gewinnschwellenpunkt zur Y-Achse geführt wird.

Wird eine der Geraden verändert, kann aus der Graphik sofort abgelesen werden, welche Auswirkungen bzw. welche Verschiebung der Gewinnschwellenumsatz und -zeitpunkt dadurch erfährt.

Beispiel

Umsatz von Januar bis April eines Geschäftsjahres DM 500 000,—

Dem Umsatz entsprechende variable Kosten DM 300 000,—

Fixkosten des Geschäftsjahres DM 300 000,—.

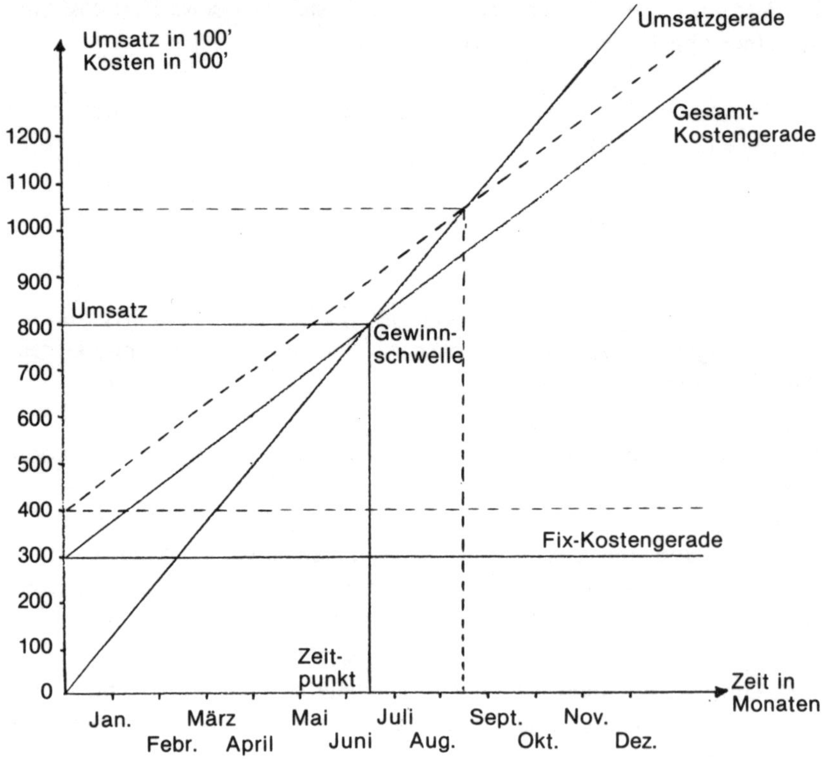

Steigen die Fixkosten um DM 100 000,—, verschiebt sich die Gesamtkostengerade und es ergibt sich eine neue Gewinnschwelle. Projiziert man nun ebenfalls die Senkrechten auf die X- und Y-Achse, erkennt man sofort, welcher neuer Gewinnschwellenumsatz und welch neuer Gewinnschwellenzeitpunkt durch die Kostensteigerung bewirkt werden (gestrichelte Linien).

Die Graphik bietet m. E. die Möglichkeit der schnellen Information bei veränderter Kosten- oder Umsatzsituation in bezug auf das Gesamtunternehmen oder Unternehmensbereiche.

5.2 Die Ermittlung der Rentabilität pro Artikel und Auftrag

Von der Gesamtbetrachtung der Unternehmensrentabilität führt der Weg zur Detailbetrachtung der einzelnen Rentabilitätsträger. In erster Linie sind das die Kostenträger, die Artikel bzw. die Aufträge.

Im Rahmen der Kostenträgerkalkulation wird in erster Linie der Deckungsbeitrag absolut ermittelt. Ich darf die Rechenformel nochmals ins Gedächtnis rufen:

Erlös ÷ variable Kosten = Deckungsbeitrag.

Mit diesem Rechenansatz kann zunächst festgestellt werden, ob der Kostenträger überhaupt und wenn ja in welchem Umfang zur Deckung der fixen Kosten beiträgt.

Diese Aussage ist sicher wertvoll, aber für die Beurteilung eines Artikels nur der erste Schritt.

Dazu ein **Beispiel:**

Betrachten wir zwei Produkte, die folgende Kalkulationswerte zeigen:

Produkt	A	B
Erlös	DM 100,—	DM 40,—
variable Kosten	DM 60,—	DM 20,—
Deckungsbeitrag	DM 40,—	DM 20,—

Es steht fest, daß beide Produkte durch ihren Deckungsbeitrag helfen, Fixkosten abzubauen. Nachdem das Produkt A einen Deckungsbeitrag absolut von DM 40,— aufweist, gegenüber DM 20,— von Produkt B, wird man Produkt A zum Favoriten erklären. Gehen wir aber einmal davon aus, daß für beide Produkte der gleiche Umsatz zu erzielen ist, z.B., DM 600,—, so ergibt sich folgendes Bild:

Produkt A:	Umsatz	DM 600,—	entspricht Menge 6
	variable Kosten	DM 360,—	
	Deckungsbeitrag	DM 240,—	
Produkt B:	Umsatz	DM 600,—	entspricht Menge 15
	variable Kosten	DM 300,—	
	Deckungsbeitrag	DM 300,—	

Bezieht man den Faktor »erzielbarer Umsatz« in die Betrachtung ein, zeigt sich, daß das Produkt B in der Summe den größeren Deckungsbeitrag erwirtschaftet.

Diese Tatsache hat ihren Grund darin, weil das Verhältnis des Deckungsbeitrages zum Erlös bei Produkt B günstiger ist als bei Produkt A.

Bei Produkt B ergibt sich ein Wert von 50 Prozent, bei Produkt A nur einer von 40 Prozent.

Dieser Prozentwert wird als Deckungsgrad bezeichnet und errechnet sich nach folgender Formel:

$$\text{Deckungsgrad} = \frac{\text{Deckungsbeitrag}}{\text{Erlös}} \times 100$$

Der Deckungsgrad ist eine gute Entscheidungshilfe für die Artikelbeurteilung. Ein Artikel mit höherem Deckungsgrad erzielt bei gleichem Umsatz auch absolut einen höheren Deckungsbeitrag als ein Artikel mit geringerem Deckungsgrad.

Diese Aussage verliert dann ihre Gültigkeit, wenn der Absatzmarkt für bestimmte Artikel nicht aufnahmefähig ist.

5.3 Die Ermittlung der Rentabilität pro Einheit der Produktionskapazität

Die Ermittlung des absoluten Deckungsbeitrages und des Deckungsgrades bietet schon eine gute Basis für eine Produktbeurteilung. Das m. E. jedoch aussagefähigste Beurteilungskriterium für die Produktrentabilität ist der Deckungsbeitrag, bezogen auf die Einheit der Produktionskapazität.

Geht man einmal davon aus, daß drei Produkte im Laufe des Herstellungsprozesses eine bestimmte Kostenstelle durchlaufen müssen. In dieser Kostenstelle ist nicht beliebig viel Kapazität vorhanden, d.h., es kommt zu Engpässen.

Das Ziel kann dann nur sein, diese Engpaßkapazität so zu belegen, daß für das Unternehmen das günstigste Ergebnis erwirtschaftet wird. Es muß also vorrangig das Produkt gefertigt werden, das den größten Deckungsbeitrag bringt.

Um diese Forderung zu erfüllen, sind die Deckungsbeiträge der Produkte zu ermitteln, die sich je Leistungseinheit der Produktionskapazität ergeben.

Beispiel

Die Kostenstelle X sei die Engpaßstelle, über die alle drei Produkte A, B und C in der Herstellung laufen müssen.

Die Kalkulationen der drei Produkte ergeben das nachstehende Bild:

Produkt	A	B	C
Erlös	DM 100,—	DM 40,—	DM 80,—
variable Kosten	DM 60,—	DM 20,—	DM 50,—
Deckungsbeitrag	DM 40,—	DM 20,—	DM 30,—
Deckungsgrad	40 %	50 %	37,5 %

Als nächstes und entscheidendes Kriterium kommt jetzt hinzu die Leistung, die jedes einzelne Produkt auf der Kostenstelle X in Anspruch nimmt.

Benötigte Leistung in Stunden	5	4	3

Der Deckungsbeitrag ist auf diese Leistung zu beziehen, so daß sich ein Deckungsbeitrag

je Stunde von	DM 8,—	DM 5,—	DM 10,—

ergibt.

Das bedeutet, daß das Produkt C pro Leistungseinheit der Engpaßstelle den größten Deckungsbeitrag ergibt.

Anwendbar ist diese Rechnung nur, wenn Produktionsengpässe bestehen, wobei in einem Betrieb mehrere Engpässe bestehen können, nämlich pro Fertigungszweig.

Die Beziehung des Deckungsbeitrages auf die Produktionskapazität gewinnt noch mehr an Bedeutung bei der Auftragsfertigung. Auch hier gilt die Einschränkung, daß Kapazitätsknappheit besteht.

Bei Überkapazitäten ist bei der Auftragsauswahl lediglich darauf zu achten, daß ein Deckungsbeitrag je Auftrag erzielt wird.

Für den Fall der Kapazitätsknappheit folgendes Beispiel:

Ein Unternehmen hat eine Gesamtkapazität pro Monat von 300 Stunden. Von diesen 300 Stunden sind bereits 220 Stunden für Aufträge fest vergeben. Weitere drei Aufträge kann das Unternehmen hereinnehmen. Die Aufträge weisen folgende Kalkulation auf:

Auftrag	D	E	F
Erlös	DM 14 000	DM 6 000	DM 10 000
variable Kosten	DM 9 000	DM 4 000	DM 6 000
Deckungsbeitrag	DM 5 000	DM 2 000	DM 4 000

Eine Schnellschußentscheidung würde den Auftrag D bevorzugen.

Die konsequente Entscheidung stellt folgende Fragen:

- welche Restkapazität steht zur Verfügung
- welche Kapazitäten benötigen die einzelnen Aufträge
- welche Aufträge bringen in bezug auf die Kapazität den besten Deckungsbeitrag.

Die Restkapazität beträgt 80 Stunden.

Auftrag D benötigt 80 Stunden.
Auftrag E benötigt 25 Stunden.
Auftrag F benötigt 50 Stunden.

Damit kann die Entscheidung nur heißen Auftrag D oder die Aufträge E und F.

Nachdem die Kombination der Aufträge E und F in Summe den größeren Deckungsbeitrag ergibt, sind diese beiden Aufträge mit der Restkapazität zu realisieren.

Eine weitere interessante Überlegung ist, doch den Auftrag D anzunehmen und den Auftrag E mit Überstunden zu fahren. Besteht die Möglichkeit Überstundenkapazität bereitzustellen, so sind die zusätzlichen variablen Kosten, z.B. Überzeitzuschläge, darauf anfallende Sozialkosten, zu ermitteln und ein neuerlicher Deckungsbeitragsvergleich durchzuführen.

Sicher sind dies sehr einfache Beispiele, doch es geht um die Darstellung des Prinzips. Anwendbar ist die Überlegung Deckungsbeitrag pro Restkapazität für die Auftragsauswahl auch bei mehr Aufträgen mit einer anderen Größenordnung.

5.4 Die Ermittlung der Rentabilität pro Kunde

Bei der Beurteilung der Kunden spielt der getätigte Umsatz bis heute die ausschlaggebende Rolle. Das Umsatzdenken steht gerade hier in voller Blüte.

Die Frage ist aber: »Bringt der Kunde mit dem größten Umsatz für das Unternehmen auch das beste Ergebnis?« Preiszugeständnisse, zusätzlich eingeräumte Rabatte, gewährte Boni, übernommene Transportversicherungen usw. können dazu beitragen, daß ein höherer Umsatz und ein bescheideneres Ergebnis einträchtig nebeneinander existieren.

Des weiteren kann ein Kunde ein Abnahmesortiment bevorzugen, das nur solche Produkte umfaßt, die ein geringes Ergebnis für das Unternehmen bringen.

Das heißt, Umsatz ist eine Sache, eine andere das Ergebnis. Für die Beurteilung eines Kunden ist der Umsatz nur zu einem geringen Maße tauglich, das wesentlich bessere Kriterium ist der Deckungsbeitrag.

Einmal ist das der Deckungsbeitrag für den Kunden gesamt und zum anderen der Deckungsbeitrag pro Produkt bzw. Produktgruppe, die der Kunde bezieht.

Der gesamte Deckungsbeitrag absolut, der mit einem Kunden erzielt wurde, ist dabei von geringerer Bedeutung. Er sagt nur aus, wieviel ein Kunde beigetragen hat, die Fixkosten zu decken, bzw. zu überdecken.

Eine wesentlich stärkere Aussagekraft ist dem Deckungsgrad, der Relation des erzielten Deckungsbeitrages zum Umsatz, beizumessen. Im Vergleich der Deckungsgrade der Kunden läßt sich klar feststellen, wie ein größerer Umsatz sich zu einem weniger großen Umsatz in der Ergebniserzielung verhält. Dazu ein **Beispiel:**

Kunde	I	II
Umsatz	DM 1 200 000,—	DM 300 000,—
variable Kosten	DM 900 000,—	DM 180 000,—
Deckungsbeitrag	DM 300 000,—	DM 120 000,—
Deckungsgrad	25 %	40 %

Diese Rechnung gibt deutlich wieder, daß der mittlere Kunde ein relativ günstigeres Ergebnis erbringt als der große Kunde. Vier mittlere Kunden der gleichen Ausprägung wären auch absolut dem großen Kunden im Ergebnis überlegen.

Ein weiteres Beurteilungskriterium für den Kunden ergibt sich aus der Gegenüberstellung des einzelnen Deckungsgrades des Kunden zum durchschnittlichen Deckungsgrad des gesamten Unternehmens.

Beträgt der Gesamtumsatz des Unternehmens DM 25 Mio., die variablen Kosten DM 17,5 Mio., so errechnet sich ein Deckungsbeitrag von DM 7,5 Mio.

Der Deckungsgrad des Unternehmens beträgt dann

$$\frac{7\,500\,000}{25\,000\,000} \times 100 = 30\ \%$$

Im Vergleich zu diesem durchschnittlichen Deckungsgrad weist der große Kunde ÷ 5 % der mittlere Kunde + 10 % auf. Dies sind wesentliche Entscheidungshilfen für die kundenbezogene Betreuungspolitik.

Eine noch gezieltere Kundenbearbeitung läßt sich aufbauen, wenn der mit dem Kunden erzielte Deckungsbeitrag auf die einzelnen Produkte oder Produktgruppen aufgegliedert wird. Daraus läßt sich erkennen, welche Produkte oder Produktgruppen der Kunde überhaupt bezieht und ob es sich dabei um deckungsbeitragsintensive oder deckungsbeitragsarme Produkte handelt.

Auf diese Weise läßt sich eine gezielte Produktpolitik gegenüber einem Kunden betreiben mit dem Ziel ein Deckungsbeitragsoptimum zu erreichen.

Sicher wird nicht in allen Fällen der gewünschte Erfolg zu erzielen sein, doch ohne Deckungsbeitragsrechnung würde die Möglichkeit fehlen, dieses Ziel zu verfolgen.

5.5 Die Ermittlung der Rentabilität pro Vertreter

Die stärkste Form des Umsatzdenkens treffen wir bei der Beurteilung der Vertreter an. Derjenige Vertreter der viel Umsatz macht, ist auch der mit der dicksten Provision. In diesem Zusammenhang fällt mir immer eine Zeichnung ein, die in vielen Büros aufgehängt ist. Auf dem Bild ist ein zerlumpter Mann mit nach außen gekehrten Taschen zu sehen. Der Begleittext zu dem Bild lautet: »Er gab immer die besten Rabatte«.

Wir treffen bei der Vertreterbeurteilung die gleichen Verhältnisse wie bei den Kundenbeurteilungen an. Ein hoher Umsatz, erreicht durch Preiszugeständnisse, Rabatte und Produkte mit geringem Deckungsbeitrag ergibt für das Unternehmen ein schwaches Ergebnis.

Jeder Außendienstmitarbeiter wird beim Verkauf den Weg des geringsten Widerstandes gehen. Dies ist eine Eigenschaft, die praktisch jedem Menschen anhaftet. Das bedeutet, es wird der Kunde besucht, bei dem ein schneller Abschluß erreicht wird. Ein intensives Verkaufsgespräch ist nicht zu führen, d.h., man nimmt einen Auftrag entgegen nach dem Motto Umsatz ist Umsatz und das ist der Provisionsbringer. Das Bemühen dem Kunden andere Produkte nahezubringen, bleibt ein schwacher Versuch.

Doch zurück zu den Beurteilungskriterien, die die Deckungsbeitragsrechnung liefert.

Der absolute Deckungsbeitrag des Vertreters sagt nur aus, wie dieser Mitarbeiter an der Deckung der Fixkosten beteiligt war. Wesentlich aussagefähiger ist wieder der Deckungsgrad. Dabei kann sich herausstellen, daß ein Außendienstmitarbeiter mit geringerem Umsatz ein relativ besseres Ergebnis erzielt hat als der Kollege mit dem Superumsatz.

Ein weiteres Beurteilungskriterium ist, wie bei der Kundenbeurteilung, die Gegenüberstellung des von allen Vertretern erzielten durchschnittlichen Deckungsgrades zu dem einzelnen Deckungsgrad. Die Plus- bzw. Minusabweichung gibt Aufschluß über die Verkaufsleistung des Außendienstmitarbeiters im Hinblick auf das firmenbezogene Ergebnis.

Hierzu ein **Beispiel:**

Vertreter	**X**	**Y**	**Z**
Umsatz	DM 900 000	DM 800 000	DM 700 000
variable Kosten	DM 630 000	DM 560 000	DM 490 000
Deckungsbeitrag	DM 270 000	DM 240 000	DM 210 000
Deckungsgrad	30 %	30 %	30 %

Alle drei Außendienstmitarbeiter haben in der Relation für das Unternehmen das gleiche Ergebnis erzielt.

Ein weiteres Beispiel soll auf die Problematik der Umsatzprovision hinweisen.

Beispiel

Vertreter	X	Y	Z
Umsatz	DM 1 000 000	DM 900 000	DM 750 000
variable Kosten	DM 700 000	DM 600 000	DM 450 000
Deckungsbeitrag	DM 300 000	DM 300 000	DM 300 000
Deckungsgrad	30 %	33 %	40 %

Bei einer Umsatzprovision von 5 % erhält

— Vertreter X DM 50 000
— Vertreter Y DM 45 000
— Vertreter Z DM 37 500

als Provision ausbezahlt. Ich glaube, es kann die berechtigte Frage nach dem »Warum« gestellt werden. Aus der Sicht des Unternehmens haben alle drei Mitarbeiter das gleiche Ergebnis, nämlich einen Deckungsbeitrag von DM 300 000 erbracht.

Deshalb vertrete ich die Meinung, daß die Provision auf Basis des Deckungsbeitrages in jedem Unternehmen angestrebt werden soll.

Sicher sind dabei einige nicht unerhebliche Schwierigkeiten zu überwinden, z.B.

- der Außendienstmitarbeiter muß mit der Denkweise der Deckungsbeitragsrechnung vertraut gemacht werden.
- Bei der Umstellung vom Umsatz- auf Deckungsbeitragsprovision ist der bisherige Besitzstand des Mitarbeiters in etwa zu sichern.
- Welchen Verhandlungsspielraum läßt man zu, d.h., wie setzt man die Preisuntergrenze für den Verkauf fest (auf jeden Fall höher als die absolute Preisuntergrenze).
- Wie legt man die Provisionsstaffel fest.

Dem steht aber gegenüber

- eine gerechtere Provisionsabrechnung
- die Wahrscheinlichkeit eines bewußteren Verkaufs durch den Außendienst
- eine echte Relation zwischen Verkaufserfolg und betrieblichem Erfolg.

Die Gestaltung der Provisionsberechnung nach Deckungsbeiträgen ist stark vom Unternehmen abhängig und verlangt deshalb einen spezifischen Aufbau.

Aus meiner Praxis sind mir einige Firmen bekannt, die diesen Schritt gewagt haben und damit erfolgreich sind.

Das durch einen Vertreter erzielte Ergebnis ist nicht ausschließlich Sache des Mitarbeiters, sondern auch des Betriebes. Dafür ist es notwendig, den durch den Vertreter erzielten absoluten Deckungsbeitrag aufzugliedern auf die einzelnen Produkte und Produktgruppen. Daraus läßt sich ableiten, mit welcher Intensität ein Außendienstmitarbeiter Produkte oder Produktgruppen verkauft, und ob es sich dabei um deckungsbeitragsstarke oder deckungsbeitragsschwache Produkte handelt.

Damit hat der Außendienst die Möglichkeit,eine gezieltere Verkaufspolitik zu betreiben mit dem Ziel, ein Deckungsbeitragsoptimum und damit ein Provisionsoptimum zu erreichen. Für eine gezielte Führung und Steuerung des Vertriebes sind die Möglichkeiten der Beurteilung der Kunden- und Vertreterrentabilität miteinander zu verknüpfen.

5.6 Die Ermittlung der Rentabilität pro Produktlinie und Bereich

Bis jetzt wurde die Ermittlung der Rentabilität bezogen auf das Produkt, den Kunden, den Vertreter oder das gesamte Unternehmen. Das heißt, die Rentabilität wurde für die kleinsten Bezugseinheiten, Produkt, Kunde, Vertreter, oder die größte Bezugseinheit, das gesamte Unternehmen, errechnet. Dazwischen liegen aber noch andere Bezugsgruppen, die insbesondere die globale Betrachtung des Unternehmens aufgliedern und damit transparenter machen.

Gleichzeitig wurde die Ermittlung des betrieblichen Ergebnisses, d.h., ob die gesamten Fixkosten von der Summe aller erzielten Deckungsbeiträge gedeckt sind oder nicht, in einer Stufe vollzogen.

Diese Ergebnisermittlung kann aber auch in mehreren Stufen durchgeführt werden und zwar in bezug auf Produktlinien oder Produktbereiche. Die Erkenntnisse, die daraus gewonnen werden, zeigen auf, wie die Produktbereiche zur Erreichung des betrieblichen Ergebnisses beitragen.

Diese Methode der Ergebnisermittlung ist bekannt als *»stufenweise Deckungsbeitragsrechnung« oder »Fixkostendeckungsrechnung«.*

Am saubersten ist eine stufenweise Deckungsbeitragsrechnung in einem Unternehmen durchzuführen, das Produktionsbereiche oder Sparten aufweist.

Das Prinzip der Rechnung besteht darin, die ansonsten in einem Block dargestellten Fixkosten aufzuteilen. Die Aufteilung darf aber nur soweit getrieben werden, wie die Zurechnung der fixen Kosten ohne Schlüsselung möglich ist. Die Fixkosten sind zu untersuchen, ob sie in Abhängigkeit eines bestimmten Produktes, einer Produktgruppe zurechenbar sind.

Des weiteren ist festzustellen, ob fixe Kostenstellenkosten oder Bereichskosten für eine Sparte mit bestimmten Produkten vorhanden sind.

Ein Teil Fixkosten wird verbleiben, der nicht mehr eindeutig zuordnenbar ist. Es handelt sich um die Unternehmensfixkosten.

Die stufenweise Deckungsbeitragsrechnung zeigt die folgende Gliederung:

	Umsatz
÷	Sondereinzelkosten Vertrieb
÷	variable Herstellkosten des Umsatzes
=	Deckungsbeitrag I
÷	Produktfixkosten
=	Deckungsbeitrag II
÷	Produktgruppenfixkosten
=	Deckungsbeitrag III
÷	Kostenstellenfixkosten
=	Deckungsbeitrag IV
÷	Bereichsfixkosten
=	Deckungsbeitrag V
÷	Unternehmensfixkosten
=	Über- oder Unterdeckung (Ergebnis)

Je tiefer die Gliederung geht, desto schwieriger wird die eindeutige Zurechnung der Fixkosten auf eine Sparte. Die Unternehmensfixkosten sind überhaupt nicht mehr verteilbar, d.h., nur noch total in einer Summe darstellbar.

Wie schon erwähnt, ist die Rechnung nur dann sinnvoll durchführbar, wenn ein Unternehmen in Sparten, Bereiche oder Produktlinien unterteilbar ist, denen Fixkosten eindeutig zugeordnet werden können. Nachstehend ein Formular für die stufenweise Deckungsbeitragsrechnung für die Sparten.

Stufenweise Deckungsbeitragsrechnung

Sparte / Text	1	2	3	Gesamt
Umsatz ./. SEK Vertrieb ./. Variable HK				
= DB I ./. Produktfixkosten				
= DB II ./. Produktgruppen-fixkosten				
= DB III ./. Kostenstellen-fixkosten				
= DB IV ./. Bereichsfixkosten				
= DB V				
./. Unternehmens-fixkosten				
= Ergebnis				

Es kann sich ohne weiteres in einem Unternehmen ergeben, daß auch Bereichsfixkosten nicht mehr eindeutig zurechenbar sind, dann ist deren Darstellung auch in der Gesamtspalte vorzunehmen.

Voraussetzung für die getrennte Darstellung der Fixkosten ist der Einsatz einer Betriebsabrechnung, weil dort durch die Verrechnung der Kostenarten nach dem Verursachungsprinzip auf die Kostenbereiche und innerhalb auf Kostenstellen und Kostenplätze die Zugehörigkeit der Fixkosten zu bestimmten Sparten deutlich wird.

Nun einige Ausführungen zu den Fixkostengruppen in der stufenweisen Deckungsbeitragsrechnung. Meine Interpretation mag da und dort von der allgemeinen Literatur etwas abweichend sein. Doch der Einsatz in der Praxis hat bisher keine Nachteile ergeben.

• Produktfixkosten

Zu den Produktfixkosten sind nur solche zu zählen, die durch das Produkt verursacht werden. Nachdem ich versuche, solche Kosten als Sondereinzelkosten in den variablen Herstellkosten zu verrechnen, verbleiben nur wenige für die Fixkostenzurechnung. Dazu zählen die

— Kosten einer Werbeaktion
— Kosten für Produktionswerkzeuge
— Kosten für Entwicklung
— Patentkosten.

Die enge Verwandtschaft zu den Sondereinzelkosten läßt sich nicht leugnen, so daß die Entscheidung in enger Verbindung mit den betrieblichen Gegebenheiten zu erfolgen hat. Auch die Periode, für die diese Kosten anfallen, spielt eine wichtige Rolle.

• Produktgruppenfixkosten

Diese Fixkosten entsprechen nahezu den Produktfixkosten, mit der Ausnahme, daß sie für mehrere Produkte gleichzeitig in einer Periode anfallen. Hierzu zählen

— Kosten einer Werbeaktion
— Kosten für Entwicklung
— Kosten für Beratung
— Patentkosten.

• Kostenstellenfixkosten

Die Kostenstellenfixkosten erscheinen mir als die wichtigsten dieser Fixkostengruppierung. Ein gut aufgebauter Betriebsabrechnungsbogen sagt aus, welche Kostenstellen für eine bestimmte Sparte tätig sind und Kosten verursachen.

Kostenstellenfixkosten können sich ergeben aus

— dem Fertigungshilfsbereich, z.B. durch eine eigene Konstruktion, Arbeitsvorbereitung, Zwischenlager, Instandhaltungstruppe für die Produktionsanlagen.

— dem Fertigungshauptbereich, wenn bestimmte Fertigungskostenstellen ausschließlich für die Herstellung einer Produktgruppe eingesetzt werden.

  Werden mehrere Produktgruppen, die nicht zu einer Sparte gehören, über eine Stelle gefertigt, können die Fixkosten nicht mehr als Stellenfixkosten verrechnet werden. Eine Schlüsselung lehne ich ab.

— dem Materialbereich, z.B. durch eine eigene Lagerkostenstelle für den Rohstoff.

— dem Vertriebsbereich, wenn bestimmte Kostenstellen wie Fertigwarenlager, Angebotsabteilung, Kundendienst, Außendienst, etc. ausschließlich für eine Sparte eingesetzt werden.

Im Verwaltungsbereich und dem Allgemeinen Bereich sind nur in den seltensten Fällen Kostenstellen mit eindeutiger Ausrichtung auf eine Sparte anzutreffen, aber durchaus denkbar.

● Bereichsfixkosten

Die Bereichsfixkosten sind eigentlich auch als Stellenfixkosten darstellbar, d.h., sie stellen nur eine Zusammenfassung dar. Dies ist dann möglich, wenn ein Einkauf, Rohstofflager und eine Warenannahme für eine Sparte zuständig ist. Ein Beispiel aus dem Vertrieb kann sein Angebotsabteilung, Außendienst und Kundendienst für eine Sparte oder eine Verkaufsniederlassung.

• Unternehmensfixkosten

Unternehmensfixkosten sind alle diejenigen Kosten, bei denen eine eindeutige Zuordnung zu einer Sparte nicht möglich ist.

Es wird sich überwiegend um Kosten

— aus dem Allgemeinen Bereich mit den Kostenstellen wie Grundstücke, Gebäude, Sozialdienst usw.;

— aus dem Verwaltungsbereich mit den Kostenstellen wie Unternehmensleitung, Rechnungswesen, EDV usw.;

— aus dem Fertigungshilfsbereich mit Kostenstellen wie Betriebsleitung, innerbetrieblicher Transport, Werkstatt usw.

handeln.

Selbstverständlich können auch noch Kostenstellen aus dem Material-, Vertriebs- und Fertigungshauptbereich dazu zählen. In kleinen und mittleren Betrieben ist eine eindeutige Zuordnung der Fixkosten im Sinne der stufenweisen Deckungsbeitragsrechnung meist nur aus dem Fertigungshaupt- und Vertriebsbereich möglich.

Welche Erkenntnisse lassen sich aus der Fixkostendeckungsrechnung gewinnen? Mit dieser Rechnungsart kann die Spartenrentabilität ermittelt werden, die für unternehmerische Entscheidungen sehr wichtig sein kann.

Die Ermittlung der Rentabilität kann entweder auf Basis der geplanten Fixkosten des Geschäftsjahres oder auf Basis der kumulierten Ist-Fixkosten des laufenden Geschäftsjahres erfolgen.

Bei Einsatz der Planwerte erkennt man wie die Fixkosten stufenweise abgebaut werden und wann eine Sparte dazu beiträgt, die Unternehmensfixkosten abzubauen.

Bei Einsatz der Ist-Werte sieht man, ob die für die Sparte angefallenen Fixkosten durch die Deckungsbeiträge überdeckt werden und Deckungsbeiträge für die Ergebniserzielung bereitgestellt werden.

Weist eine Sparte einen Deckungsbeitrag I aus, der gerade reicht, die Produktfixkosten zu decken, ist die Sparte als erfolglos zu bezeichnen und es sind Maßnahmen zu treffen. Das gleiche gilt auch, wenn der Deckungsbeitrag II gerade ausreicht, die Produktgruppenfixkosten zu decken.

Deckt eine Sparte mit dem Deckungsbeitrag III die Stellenfixkosten oder mit dem Deckungsbeitrag IV die Bereichsfixkosten, absorbiert sie zwar die durch sie verursachten Fixkosten, zur Deckung der Unternehmensfixkosten, die notwendig ist, um ein notwendiges Ergebnis zu erzielen, trägt sie noch nicht bei.

Nur die Sparte, die einen Deckungsbeitrag V erzielt, ist am Abbau der Unternehmensfixkosten echt beteiligt.

Schnelle, wertvolle Information liefert die stufenweise Deckungsbeitragsrechnung bei der Überlegung eine Sparte stillzulegen. Man kann aus dem Schema sofort ablesen, welche Fixkosten kurz- bzw. mittelfristig von den anderen Sparten mitzutragen sind und wie sich das Gesamtergebnis dadurch verändert.

Zahlenbeispiel für die stufenweise Deckungsbeitragsrechnung

Text \ Sparte	1	2	3	Gesamt
Umsatz	500 000	700 000	900 000	2 100 000
./. variable Kosten	400 000	450 000	500 000	1 350 000
= DB I	100 000	250 000	400 000	750 000
./. Produktfixkosten	60 000	—	—	60 000
= DB II	40 000	250 000	400 000	690 000
./. Produktgruppenfixkosten	40 000	—	—	40 000
= DB III	0	250 000	400 000	650 000
./. Kostenstellenfixkosten	50 000	90 000	150 000	290 000
= DB IV	(50 000)	160 000	250 000	360 000
./. Bereichsfixkosten	—	40 000	70 000	110 000
= DB V	(50 000)	120 000	180 000	250 000
./. Unternehmensfixkosten				200 000
= Ergebnis				50 000

Die Sparte 1 ist gerade in der Lage die Produktfix- und die Produktgruppenfixkosten zu decken. Die in dieser Sparte anfallenden Kostenstellenfixkosten sind bereits von den beiden anderen Sparten zu tragen. Bereichsfixkosten sind in der Sparte 1 nicht ausweisbar.

Würde man die Sparte 1, die gerade immer ihre produktspezifischen Kosten decken kann, schließen, würde sich das Ergebnis nicht verändern, da die Kostenstellenfixkosten ohnehin von den anderen Sparten gedeckt werden müssen.

Anders würde sich die Situation darstellen, wenn die Sparte 1 noch einen Deckungsbeitrag III von DM 15 000,— erreichen würde. Das bedeutet, daß sie mit diesem Betrag ihre Kostenstellenfixkosten abbaut. Würde man nun die Sparte 1 schließen, würde sich das Ergebnis um die DM 15 000,— verschlechtern, da die anderen Sparten die vollen Stellenfixkosten von DM 50 000,— mitdecken würden.

Diese Überlegungen machen die Fixkostendeckungsrechnung für die unternehmerische Entscheidungsfindung zu einem wertvollen Instrument. Ein weiteres Einsatzfeld hat die Fixkostendeckungsrechnung als Basis für die Berechnung von Beteiligungen von Spartenleitern. Sind die Fixkosten den Sparten eindeutig zurechenbar, sind die Deckungsbeiträge, die dazu beitragen die Unternehmensfixkosten abzubauen, ein guter Maßstab für die Beteiligung (mit Sicherheit besser als der Umsatz). Hierzu könnte noch einiges gesagt werden, doch das würde über den Rahmen des Buches hinausgehen.

5.7 Ist die Rentabilität eines Produktes günstiger bei Eigenfertigung oder bei Einsatz als Handelsware?

Die Frage nach der Produktrentabilität muß nicht immer lauten »bringt das Produkt viel oder wenig Ergebnis für das Unternehmen?«, d.h., ist der Erlös zu gering oder die variablen Kosten zu hoch.

Die Produktrentabilität kann auch unter dem Gesichtspunkt gesehen werden, das Produkt selbst zu produzieren oder es als Handelware zu führen. Die Einstellung der Eigenproduktion kann sich für die Rentabilität günstig auswirken, wenn das gleiche Produkt über den Markt gekauft und als Handelsware geführt werden kann.

Um diese Entscheidung fundiert treffen zu können, ist die Deckungsbeitragsrechnung das richtige Instrument.

Die Betrachung, die angestellt werden muß, um die Entscheidung vorzubereiten, ist zunächst kurzfristig in bezug auf die Gemeinkosten.

Das nachstehende **Beispiel** soll die Vorgehensweise verdeutlichen:

— Das Produkt A soll untersucht werden, ob Eigenfertigung oder Fremdbezug rentabler ist.

— Der Produktionsausstoß und Bedarf des Produktes liegt bei 900 000 Stück.

— Das Produkt wird uns angeboten zu einem Einstandspreis von DM 0,80.

— Die Einzelkosten für die Produktion der 900 000 Stück betragen DM 450 000,—.

— Die variablen Gemeinkosten sind:

Fertigungslohn	DM 140 000,—
Hilfsstoffe	DM 20 000,—
Energie	DM 15 000,—
Reparatur	DM 55 000,—
Sozialabgaben	DM 70 000,—
Gesamt	DM 300 000,—

— Die fixen Gemeinkosten sind:

Hilfslohn	DM 70 000,—
Gehalt	DM 50 000,—
Sozialabgaben	DM 60 000,—
Versicherung	DM 22 000,—
Abschreibung	DM 28 000,—
Zins	DM 10 000,—
Gesamt	DM 240 000,—

— Die Vollkostenkalkulation zeigt dann folgendes Bild:

Einzelkosten	DM 450 000,—
variable Gemeinkosten	DM 300 000,—
fixe Gemeinkosten	DM 240 000,—
Selbstkosten	DM 990 000,—

Bei einem Ausstoß von 900 000 Stück ergeben sich die Selbstkosten pro Stück mit DM 1,10. Im Vergleich zu einem möglichen Fremdbezug zu einem Einstandspreis von DM 0,80 erscheint die Eigenherstellung unrentabel.

Eine Einstellung der Eigenfertigung bedeutet zunächst, und deshalb der Aspekt der kurzfristigen Betrachtung, daß die variablen Kosten entfallen, die fixen Kosten bestehen bleiben.

Im angeführten Beispiel entfallen somit DM 450 000,— Einzelkosten und DM 300 000,— variable Gemeinkosten, die DM 240 000,— fixe Gemeinkosten sind nach wie vor vorhanden.

Um den echten Vergleich zwischen Eigenfertigung und Fremdbezug zu erhalten, müssen die verbleibenden Fixkosten und der Einstandspreis zusammengefaßt werden.

900 000 Stück mal DM 0,80	= DM 720 000,—
+ verbleibende fixe Gemeinkosten	DM 240 000,—
= Gesamtkosten	DM 960 000,—

Erst diese Kostensumme ist mit der Kostensumme für Eigenherstellung von DM 990 000,— zu vergleichen. Das Beispiel ergibt, daß bereits kurzfristig der Fremdbezug um DM 30 000,— günstiger ist.

Mittel- und langfristig kann das Verhältnis noch günstiger werden, wenn die Fixkosten abgebaut werden können.

Eine ähnliche Überlegung kann angestellt werden bei der Auftragsfertigung. Die Frage lautet hier »Ist es rentabler, den Auftrag selbst auszuführen oder diesen an einen Unterauftragnehmer weiterzugeben?« Diese Entscheidungssituation tritt vor allem dann auf, wenn die Kapazitätsgrenze erreicht ist und der Auftrag nur mit Überstunden, Prämien etc. abgewickelt werden kann.

Die Antwort auf die Frage ist allerdings etwas einfacher, weil die Untersuchung sich darauf bezieht, festzustellen, welcher Weg der Auftragserfüllung erbringt den größten Deckungsbeitrag.

Beispiel

Ein Auftrag, den wir mit DM 20 000,— angeboten haben, könnte von einem Unterauftragsnehmer mit DM 18 000,— ausgeführt werden. Der Deckungsbeitrag, den wir erzielen, wenn wir den Auftrag weitergeben, beträgt DM 20 000,— ÷ DM 18 000,— = DM 2 000,—. Diesem Deckungsbeitrag stellen wir den gegenüber, den wir bei Eigenausführung erzielen.

Unsere Kalkulation lautet:

Umsatz	DM 20 000,—
÷ variable Kosten	DM 16 500,—
÷ zusätzliche variable Kosten wie Überstundenzuschlag, Prämie, Verpflegung etc.	DM 2 500,—
= Deckungsbeitrag	DM 1 000,—

Der Vergleich ergibt, daß die Vergabe im Unterauftrag den größeren Deckungsbeitrag erbringt, d.h. rentabler ist.

6 Die Rentabilitätsbestimmung bei verkaufspolitischen Maßnahmen

Inhaltsübersicht

Daß ein Unternehmen Gewinn erzielen muß, steht außer Frage. Ein Gewinn kann nur erwirtschaftet werden, wenn die Rentabilität der Gewinnträger, der Produkte, eine vernünftige Größe erreicht.

Gewinn zu erwirtschaften, ihn zu sichern und eventuell auch noch zu steigern, erfordert kontinuierlich unternehmerische Entscheidungen. Um diese Entscheidungen auf einer entsprechend gesicherten Grundlage treffen zu können, ist die Kostenrechnung und speziell die Deckungsbeitragsrechnung notwendig.

Im folgenden werden Fragen, wie sie täglich in der unternehmerischen Praxis vorkommen, behandelt unter Einsatz der Deckungsbeitragsrechnung als Instrument für die Entscheidungsfindung.

6.1 Wie wirken sich Werbeaktionen auf die Produktrentabilität aus?

Soll der Erfolg eines Artikels gesteigert werden, denkt man zunächst einmal an die Steigerung des Umsatzes. Eine Umsatzsteigerung kann erzielt werden, wenn der Artikel einem breiteren Publikum bekanntgemacht wird oder der Konsument davon überzeugt wird, daß er den Artikel braucht. Die geeignete Maßnahme dazu ist die Werbung. Wird eine Werbeaktion durchgeführt, ist das zwangsläufig mit Kosten verbunden.

Wenn der wirkliche Erfolg einer Werbemaßnahme nur schwer ermittelbar und vor allem voraussehbar ist, möchte man doch wissen, welche Umsatzsteigerungen nötig sind, um die Kosten der Werbeaktion zu decken. Die zweite Frage ist, um wieviel mehr Umsatz muß erreicht werden, um einen größeren Erfolg als bisher zu haben.

Die Antwort auf diese Frage kann nur die Deckungsbeitragsrechnung sowohl rechnerisch als auch graphisch geben. Am besten ziehen wir wieder ein **Beispiel** heran:

— Das Produkt A soll im Verkauf intensiviert werden. Die Deckungsbeitragskalkulation zeigt folgendes Bild:

Verkaufspreis	DM 50,—
÷ variable Kosten	DM 30,—
= Deckungsbeitrag	DM 20,—

Bisher wurde in einer Verkaufsperiode ein Umsatz von DM 80.000,— und damit ein Deckungsbeitrag von DM 32.000,— erzielt. Das entspricht einer Verkaufsmenge von 1.600 Einheiten.

Mit einer Werbeaktion, die DM 10.000,— kostet, soll eine Verkaufssteigerung des Artikels erreicht werden.

Welche Auswirkungen hat diese Werbeaktion in bezug auf das Zahlenverhältnis Umsatz und Deckungsbeitrag?

Für die Berechnung der neuen Situation verwenden wir die Formel der kritischen Stückzahl, mit der errechnet wird, wie viele Verkaufseinheiten notwendig sind, um Fixkosten zu decken.

Für unsere Rechnung gelten die Werbekosten von DM 10.000,— als Fixkosten. Damit können wir folgende Aussage treffen:

$$\text{kritische Stückzahl} = \frac{\text{Kosten der Werbeaktion}}{\text{Deckungsbeitrag je Verkaufseinheit}}$$

$$\text{kritische Stückzahl} = \frac{10.000,\text{—}}{20} = 500$$

Um die Kosten der Werbeaktion zu decken, müssen 500 Verkaufseinheiten mehr abgesetzt werden oder ein Mehrumsatz von 500 x DM 50,— = DM 25.000,— erreicht werden.

Hier wird sehr deutlich, daß der Ansatz eines Mehrumsatzes für den Erfolg einer Werbeaktion wenig Aussagekraft besitzt. Hätte zum Beispiel die Direktive gelautet, die Kosten der Werbeaktion sind um ein Dreifaches zu überdecken, d.h. DM 30.000,—, hätte sich ein zusätzlicher Deckungsbeitrag von nur DM 2.000,— ergeben.

Soll ein Artikel mit Hilfe einer Werbeaktion für das Unternehmen ein höheres Ergebnis erbringen, kann die Vorgabe nur lauten: Durch die Werbeaktion muß sich eine vermehrte Verkaufsmenge ergeben, die sowohl die Kosten der Werbeaktion deckt und darüber hinaus ein Ergebnis von z. B. DM 15.000,— erbringt. Wir setzen wieder die Formel der kritischen Stückzahl ein, um den notwendigen Umsatz zu errechnen.

$$\text{kritische Stückzahl} = \frac{\text{Kosten der Werbeaktion} + \text{Mehrergebnis}}{\text{Deckungsbeitrag je Verkaufseinheit}}$$

$$\text{kritische Stückzahl} = \frac{10.000,\!— + 15.000,\!—}{20,\!—} = 1.250$$

Es müssen, um die Vorgabe zu erreichen, 1.250 Verkaufseinheiten mehr abgesetzt werden oder ein Mehrumsatz von DM 62.500,— erzielt werden (1.250 × 50,—).

An Hand dieser Zahlen kann entschieden werden, ob der Markt diese Menge aufnehmen kann - bzw. die Fertigung in der Lage ist, diese Menge zu produzieren.

Die errechneten Überlegungen der Entscheidungsfindung können auch graphisch dargestellt werden und sind dadurch anschaulicher.

Die nachstehende Graphik zeigt mit den durchgezogenen Linien die Deckung der Werbekosten und mit den lang gestrichelten Linien die zusätzliche Ergebniserzielung in den Schnittpunkten mit der Umsatzgeraden.

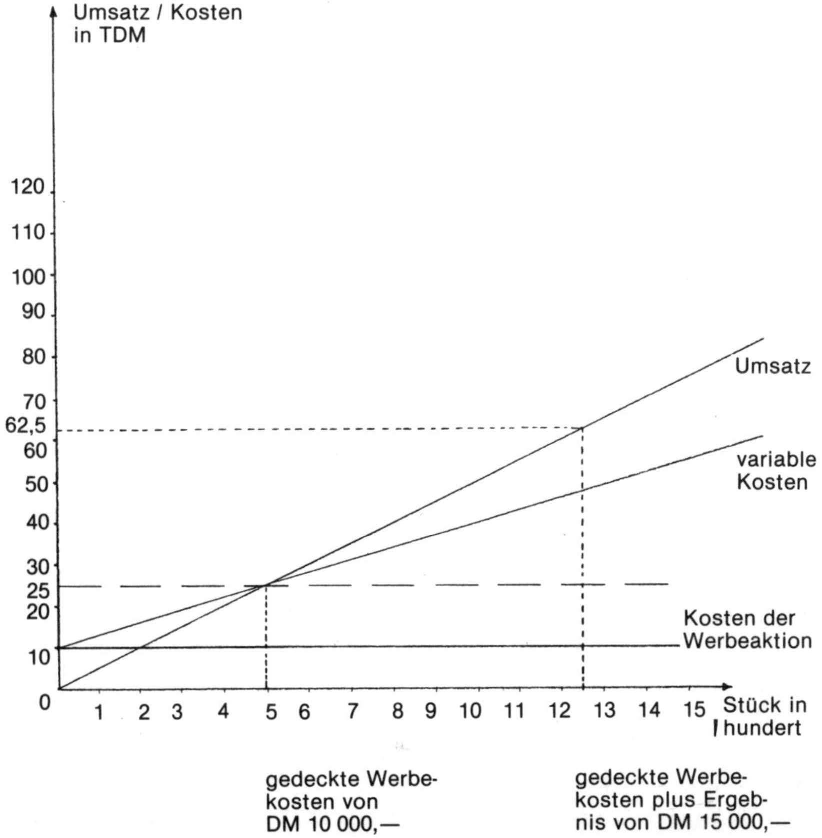

6.2 Wie wirken sich Preissenkungen auf die Rentabilität aus?

Die Senkung des Preises, sei es auf Dauer oder nur vorübergehend, ist ein gebräuchliches Mittel, um größere Marktanteile erreichen oder gegenüber einem Konkurrenten bestehen zu können.

Man muß sich bei dieser Maßnahme darüber im klaren sein, daß eine Preissenkung voll auf den Deckungsbeitrag durchschlägt. So wie der Preis sich ändert, verändert sich der Deckungsbeitrag.

Beispiel

Artikelkalkulation vor Preisänderung

Verkaufspreis	DM 50,—
÷ variable Kosten	DM 30,—
= Deckungsbeitrag	DM 20,—

Artikelkalkulation nach einer Preissenkung von 10 %

Verkaufspreis	DM 50,—
÷ Preissenkung 10 %	DM 5,—
÷ variable Kosten	DM 30,—
= Deckungsbeitrag	DM 15,—

Kann die Preissenkung nicht anderweitig kompensiert werden, so fehlt dieser Betrag zur Deckung der Fixkosten, so daß das Gesamtergebnis entsprechend abnimmt.

Die Preissenkung kann ja geplant durchgeführt werden, weil man sich davon einen zunehmenden Absatz verspricht, der nicht nur den Verlust am Deckungsbeitrag auffängt, sondern sogar überdeckt. Bevor die Entscheidung gefällt wird, soll erst die mögliche Konsequenz errechnet werden.

Beispiel

Der Artikel für den die oben angeführte Kalkulation gilt, wurde in einer Verkaufsperiode mit 1950 Verkaufseinheiten am Markt untergebracht. Das ergibt eine Gesamtkalkulation

— vor Preisänderung

Umsatz	DM 97.500,—
÷ variable Kosten	DM 58.500,—
= Deckungsbeitrag	DM 39.000,—

— nach Preissenkung von 10 %

Umsatz	DM 87.750,—
÷ variable Kosten	DM 58.500,—
= Deckungsbeitrag	DM 29.250,—

Nachdem die variablen Kosten pro Stück gleich bleiben, reduziert die Preissenkung von DM 9.750,— in voller Höhe den Deckungsbeitrag. Die Frage ist nun, um wieviel der Umsatz an Verkaufseinheiten gesteigert werden muß, damit der gleiche Deckungsbeitrag wie bisher erzielt wird.

Die Errechnung erfolgt nach der Formel:

$$\text{Mehrabsatz an Verkaufseinheiten} = \frac{\text{Deckungsbeitragsschmälerung gesamt}}{\text{verminderter DB je Verkaufseinheit}}$$

$$\text{Mehrabsatz an Verkaufseinheiten} = \frac{39.000,\!— \div 29.250,\!—}{15,\!—} = 650$$

Es müssen 650 Verkaufseinheiten mehr zu dem verminderten Preis von DM 45,— abgesetzt werden, um den gleichen Deckungsbeitrag wie vorher zu erzielen.

Das Ziel kann aber nicht sein, das gleiche Ergebnis zu erreichen, sondern eine Steigerung des Ergebnisses.

Bleiben wir bei dem gleichen Beispiel, allerdings soll das Ergebnis durch die Preissenkung um DM 7.500,— gesteigert werden. Den notwendigen Absatz in Verkaufseinheiten erhalten wir nach folgender Formel:

$$\text{Verkaufseinheiten} = \frac{\text{DB-Schmälerung gesamt} + \text{Mehrergebnis}}{\text{verminderter DB je Verkaufseinheit}}$$

$$\text{Verkaufseinheiten} = \frac{9.750,\text{—} + 7.500}{15,\text{—}} = 1.150$$

Um mit der Preissenkung den verlorenen Deckungsbeitrag zu kompensieren und ein Mehrergebnis von DM 7.500,— zu erzielen, sind 1.150 Verkaufseinheiten mehr abzusetzen. Ausgedrückt in Umsatz heißt dies 1.150 × DM 45,— = DM 51.750,—. Eine Gegenüberstellung aller drei Situationen verdeutlicht die Vorgänge.

Situation	Ergebnis vor Preissenkung	Preissenkung mit gleichem Ergebnis	Mehrergebnis von DM 7 500,—
Umsatz	97 500,—	117 000,—	139 500,—
./. variable Kosten	58 500,—	78 000,—	93 000,—
= Deckungsbeitrag	39 000,—	39 000,—	46 500,—
Anzahl Verkaufseinheiten	1 950	2 600	3 100

Damit ist die Grundlage für die Entscheidung vorbereitet, da man jetzt weiß, daß die Absatzmenge von 1.950 auf 3.100 Verkaufseinheiten gesteigert werden muß.

6.3 Wie weit kann kurzfristig der Preis gesenkt werden, wenn die Konkurrenzsituation am Markt dies erfordert?

Die Antwort auf diese Frage ist schnell gegeben. Wie in dem Kapitel über die Preisuntergrenze ausgeführt wurde, darf der Preis nicht niedriger sein als die variablen Kosten.

Auf einen Preis einzusteigen, der unter den variablen Kosten liegt, auch wenn die Konkurrenz tiefer geht, ist sinnlos. Es wird nämlich nicht nur kein Deckungsbeitrag zur Fixkostendeckung erzielt, sondern darüber hinaus ein zusätzlicher Verlust in Höhe der Differenz variable Kosten zu Verkaufspreis erzeugt.

Es kann auch nicht der Sinn sein, nur zu variablen Kosten zu verkaufen, weil im Hintergrund immer noch die Fixkosten warten, abgebaut zu werden. Deshalb auch in der Überschrift das Wort »kurzfristig«.

Bei der Preissenkung aufgrund einer Konkurrenzsituation sind einige Spielregeln zu beachten:

— Eine solche Preissenkung, die meistens eine Kompensation des verminderten Deckungsbeitrages durch erhöhten Absatz in dieser Zeit nicht zuläßt, muß kurzfristig sein. Langfristig ist diese Vorgehensweise ruinös, weil die Deckung der Fixkosten nicht mehr gesichert ist.

— Bei Eintritt in einen Preiskampf muß die Situation, die sich danach ergibt, angedacht werden.

  Nach Abschluß der angespannten Wettbewerbssituation muß der Preis wieder angehoben werden können oder eine Erweiterung des Marktanteiles erreicht worden sein, der eine konstante Preissenkung in bezug auf den Deckungsbeitrag mindestens auffängt.

Zwecklos war die Preissenkung, wenn der Kunde einen höheren Preis nachher nicht mehr akzeptiert und eine Steigerung der Absatzmenge ebenfalls nicht möglich ist.

6.4 Die Gewährung von Rabatten und Boni

Die Gewährung von Rabatten betrifft einen speziellen Auftrag oder einen Kunden. Die Einräumung eines Bonus ist ausschließlich kundenbezogen.

Wenden wir uns zuerst einem Auftragsrabatt zu. Unter diesem Gesichtspunkt kann man sagen, daß ein gewährter Rabatt die gleichen Auswirkungen wie eine Preissenkung hat.

Beispiel

Kalkulation eines Auftrages W

Preis	DM 20.000	DM 20.000
÷ Rabatt 10 %	DM 2.000	
÷ variable Kosten	DM 11.000	DM 11.000
= Deckungsbeitrag	DM 7.000	DM 9.000

Ein gewährter Rabatt schlägt voll auf den Deckungsbeitrag durch.

Bei einer vorzunehmenden Auftragsauswahl, die wir über den Deckungsbeitrag pro Kapazitätseinheit vornehmen, mindert der Rabatt diesen Deckungsbeitrag entsprechend.

Bei einer Leistungsinanspruchnahme von 200 Stunden (= Kapazitätseinheit) ist der Deckungsbeitrag pro Stunde

— vor Rabattgewährung DM 9.000,— : 200 = DM 45,—

— nach Rabattgewährung DM 7.000,— : 200 = DM 35,—.

Bei der Annahme von Aufträgen kann dies entscheidend sein.

Dazu das folgende **Beispiel:**

Aufträge	W	X	Y	Z
Preis	20.000,—	7.000,—	5.000,—	6.000,—
variable Kosten	11.000,—	4.000,—	3.000,—	3.000,—
Deckungsbeitrag	9.000,—	3.000,—	2.000,—	3.000,—
Benötigte Leistung in Stunden	200	80	50	60

Freie Kapazität 205 Stunden.

Die Entscheidung ist zugunsten von Auftrag W zu fällen, der mit einem Deckungsbeitrag von DM 9.000,— die Aufträge X, Y, und Z mit einem Gesamtdeckungsbeitrag von DM 8.000,— übertrifft.

Ist der Auftrag W aber nur zu bekommen, wenn wir einen Rabatt von 10 %, d.h. DM 2.000,— einräumen, verschiebt sich das Verhältnis in Richtung der Aufträge X, Y, Z.

Nachdem der Rabatt voll den Deckungsbeitrag mindert, erzielt der Auftrag W nur noch DM 7.000,— und liegt damit um DM 1.000,— unter den Aufträgen X, Y, Z.

Aufgrund der freien Leistungszeit von 205 Stunden kann die Alternativentscheidung nur heißen W oder X, Y, Z, so daß der zu gewährende Rabatt den Auftrag W ausschließt.

Wenden wir uns nun der kundenbezogenen Rabatt- und Bonusgewährung zu. Die Deckungsbeitragsrechnung, die ergebnisorientiert ist und nicht umsatzorientiert arbeitet, liefert die richtigen Entscheidungshilfen für die Kundenbeurteilung und -bearbeitung.

Gehen wir einmal von drei Kunden aus, einem Groß- und zwei Mittelkunden. Der Großkunde und die zwei Mittelkunden zusammen erzielen jeweils den gleichen Deckungsbeitrag.

Großkunde:

Umsatz	DM 1.000.000,—
÷ Rabatt 20 %	DM 200.000,—
÷ variable Kosten	DM 500.000,—
= Deckungsbeitrag	DM 300.000,—

Mittelkunden:

Umsatz	DM 400.000	DM 400.000
÷ Rabatt 12,5 %	DM 50.000	DM 50.000
÷ variable Kosten	DM 200.000	DM 200.000
= Deckungsbeitrag	DM 150.000	DM 150.000

Der Großkunde hat aufgrund des Umsatzvolumens eine höhere Rabattstufung als die beiden anderen. Diese höhere Rabattstufe wird gewährt ab DM 900.000,—.

Welche Konsequenzen ergeben sich, wenn das Ergebnis bei dem Großkunden wie auch bei den Mittelkunden um DM 40.000,— bzw. je DM 20.000,— gesteigert werden soll?

Kunden	Groß	Mittel	Mittel
Umsatz	1.133.333,—	453.333,—	453.333,—
÷ Rabatt	226.666,—	56.666,—	56.666,—
÷ variable Kosten	566.667,—	226.667,—	226.667,—
= Deckungsbeitrag	340.000,—	170.000,—	170.000,—

Die Zahlen, die sich aus dieser Rechnung ergeben, zeigen die Basis für die Entscheidung. Für die Erreichung des Zieles, nämlich ein vermehrtes Ergebnis von DM 40.000,— ist es notwendig, den Umsatz beim Großkunden um DM 133.000,—, bei den Mittelkunden um je DM 53.333,— zu steigern. Jetzt kann beurteilt werden, ob diese Steigerungen möglich sind und wo sie leichter möglich sind.

Die nächste interessante Überlegung ist, welche Auswirkungen ergeben sich, wenn ein Kunde in die nächste Rabattgruppe fällt.

Nehmen wir als Beispiel einen unserer Mittelkunden. Der Umsatz sei stetig gestiegen und nun bewegt er sich auf die Rabattprozente von DM 900.000,— zu, d.h., er macht dann den Rabattsprung von 12,5 auf 20 Prozent.

Situation des Mittelkunden:

Umsatz	DM 880.000,—	100 %
÷ Rabatt 12,5 %	DM 110.000,—	12,5 %
÷ variable Kosten	DM 440.000,—	50 %
= Deckungsbeitrag	DM 330.000,—	37,5 % Deckungsgrad

Erreicht der Mittelkunde nun genau die Umsatzgrenze, die den erhöhten Rabatt von 20 % bedingt, nämlich DM 900.000, ergibt sich folgende Situation

Umsatz	DM 900.000,—	100 %
÷ Rabatt 20 %	DM 180.000,—	20 %
÷ variable Kosten	DM 450.000,—	50 %
= Deckungsbeitrag	DM 270.000,—	30 % Deckungsgrad

Daraus ergibt sich eindeutig, daß sich das Ergebnis bei Erreichen der Rabattgrenze um DM 60.000,— verringert. Daran muß sich sofort die

Frage schließen, wie hoch muß der Umsatz sein, um zumindest das gleiche Ergebnis zu erzielen, das vor Erreichen der Rabattgrenze erwirtschaftet wurde?

Umsatz	DM 1.100.000,—	100 %
÷ Rabatt 20 %	DM 220.000,—	20 %
÷ variable Kosten	DM 550.000,—	50 %
= Deckungsbeitrag	DM 330.000,—	30 % Deckungsgrad

Der Umsatz muß auf DM 1.100.000,— d. h. um DM 220.000,— gesteigert werden, um die Erhöhung des Rabattes von 12,5 % auf 20 % zu kompensieren bzw. das gleiche Ergebnis wie vorher zu erreichen.

Die Errechnung dieser Werte erfolgt mit Hilfe des Deckungsgrades, d. h., dem Prozentanteil vom Deckungsbeitrag zum Umsatz, wobei der Umsatz mit 100 % angesetzt wird.

Die Prozentwerte sind in dem Beispiel angegeben und daraus sieht man, daß der Deckungsgrad von 37,5 % auf 30 % abnimmt, d.h., die Rabatterhöhung von 7,5 % voll wirksam wird.

Diese Rechnung ist eine aussagefähige Grundlage für verkaufspolitische Maßnahmen in bezug auf Kunden. Diese Rechnung ist auch global auf Kundengruppen anwendbar, wenn diese das gleiche Rabattverhalten zeigen.

Darüber hinaus ist gerade diese Rechnung oft die Erklärung darfür, wenn trotz gesteigerten Umsatzes das Ergebnis rückläufig ist.

Die entsprechende Rechnung ist anzustellen, wenn Kunden aufgrund des Umsatzes zum Ende des Geschäftsjahres einen Bonus erhalten, wobei die Rechnung sowohl für den Fall gilt, daß der Kunde erstmals in den Genuß eines Bonus kommt, als auch dafür, wenn eine Bonussteigerung eintritt.

Beispiel

Ein Kunde macht einen Umsatz von DM 220.000,— per anno. Ab einem Jahresumsatz von DM 240.000,— wird ein Jahresbonus von 2 % gewährt.

Soll der Kunde auf einen Umsatz der über der Bonusgrenze liegt, gesteigert werden oder nicht?

Die Vergleichsrechnung gibt Aufschluß:

Jahresumsatz	DM 240.000,—	100 %
÷ Bonus 2 %	DM 4.800,—	2 %
÷ variable Kosten	DM 144.000,—	60 %
= Deckungsbeitrag	DM 91.200,—	38 % Deckungsgrad
Umsatz bisher	DM 220.000,—	100 %
÷ variable Kosten	DM 132.000,—	60 %
= Deckungsbeitrag	DM 88.000,—	40 % Deckungsgrad

Obwohl die Gewährung eines Bonus von 2 % in Kraft tritt, reicht die Umsatzsteigerung von DM 20.000,— aus, um ein zusätzliches Ergebnis von DM 3.200,— zu erzielen.

Würde die Steigerung des Umsatzes bis zur Bonusgrenze nicht ausreichen, kann mit der gleichen Rechnung der Umsatz ermittelt werden, der notwendig ist, um den gewährten Bonus auszugleichen.

6.5 Der Produktverkauf mit Dumpingpreisen

Zu Beginn des Abschnittes eine kurze Erläuterung zu dem Begriff Dumping. Mit Dumping wird ein Verkauf unter Preis bezeichnet, wenn er auf das Ausland bezogen ist, d. h., das Exportgeschäft betrifft.

Es stellt sich für den Verkauf öfter die Frage, soll im Ausland nicht unter Preis verkauft werden, um einen Anreiz zu bieten oder mit dem Konkurrenten aus dem betroffenen Land oder anderen Anbietern mitzuhalten.

Verkauf unter Preis heißt immer Einbuße am Deckungsbeitrag. Der niedrigste noch mögliche Preis sind die variablen Herstellkosten. In der Spanne normaler Verkaufspreis und Preisuntergrenze können wir Preispolitik betreiben, wobei möglichst über Preisuntergrenze zu verkaufen ist, um noch einen Deckungsbeitrag zu erzielen.

Dumping sollte man eigentlich immer nur dann betreiben, wenn der über diesen Verkaufsweg erzielte Deckungsbeitrag ein Zubrot darstellt, d. h., die fixen Kosten sind bereits durch den Inlandsverkauf gedeckt.

Beispiel

Ein Artikel mit folgender Kalkulation

Preis	DM 40,—
÷ variable Kosten	DM 25,—
= Deckungsbeitrag	DM 15,—

muß von dem geplanten Fixkostenblock DM 60.000,— decken.

Nach der Formel der kritischen Stückzahl ergibt sich eine Verkaufsmenge von

DM 60.000,— : DM 15,— = 4.000 Stück,

die zur Deckung der Fixkosten notwendig ist.

Die Verkaufsmenge von 5.000 Stück im Inland erfüllt die gestellte Anforderung.

Man kann nun den Verkauf in das Ausland mit Dumpingpreisen ins Auge fassen, da jedes verkaufte Stück mit einem Preis, der über der Preisuntergrenze (lt. Beispiel DM 25,—) liegt, ein zusätzliches Ergebnis bringt.

Beispiel

Kann der Artikel aufgrund der Konkurrenzsituation nur mit DM 32,— verkauft werden, erbringt der Verkauf jedes einzelnen Artikels einen Zusatzdeckungsbeitrag von DM 7,—.

Der Verkauf zu Dumpingpreisen ist auch dann möglich, wenn durch den Auslandsverkauf nur noch minimale Fixkosten zu decken sind, oder das Ausland den Artikel zu diesem Preis in großen Mengen abnimmt.

Beispiel

Deckt der Inlandsverkauf von den DM 60.000,— Fixkosten durch den Absatz von 3.800 Stück DM 57.000,— und können im Ausland 1.000 Stück zu einem Preis von DM 32,— abgesetzt werden, wird man diesen Weg beschreiten.

Es ergibt sich ein Deckungsbeitrag von 1000 × DM 7,— = DM 7.000,—. Dieser Betrag fängt die Fixkostenunterdeckung von DM 3.000,— auf und bringt ein Zusatzergebnis von DM 4.000,—.

6.6 Wie wirkt sich eine Qualitätssteigerung auf die Rentabilität aus?

Eine Erhöhung der Qualität kann auf zwei Wegen erreicht werden:

— andere Materialien oder qualitativ bessere Materialien einzusetzen und/oder den Fertigungsprozeß zu intensivieren;

— die Qualitätskontrolle zu intensivieren, damit nur qualitativ gute Artikel in den Verkauf gelangen.

Im ersten Falle beeinflußt die Qualitätssteigerung unzweifelhaft die variablen Herstellkosten.

Bei Einsatz eines höherwertigen Materials und einer Intensivierung des Fertigungsprozesses werden die variablen Herstellkosten steigen.

Bei Einsatz eines neuen Materials kann es auch, wenn dies bessere Eigenschaften hat als das bisher verwendete Material, zu einer Senkung der variablen Herstellkosten kommen. In diesem Fall wird bei Beibehaltung des bisherigen Preises ein höherer Deckungsbeitrag pro Produkt in Höhe der Verminderung der variablen Herstellkosten erzielt.

Beispiel

Bei einem Artikel der nachfolgende Kalkulation zeigt

Preis	DM 40,—
÷ variable Kosten	DM 25,—
= Deckungsbeitrag	DM 15,—

können die variablen Kosten durch den Einsatz eines anderen Materials um DM 2,— gesenkt werden. Die neue Kalkulation zeigt

Preis	DM 40,—
÷ variable Kosten	DM 23,—
= Deckungsbeitrag	DM 17,—

einen Deckungsbeitrag, der um DM 2,—, d. h. die Verminderung der variablen Kosten, höher ist.

Die Änderung der variablen Kosten schlägt voll auf den Deckungsbeitrag durch. Bei Senkung der variablen Kosten ist dies eine schöne Sache.

Andere Konsequenzen hat dies, wenn die Erhöhung der Qualität nur durch ein höherwertiges und dadurch teureres Material oder sonstige höherwertige Einzelkostenkomponenten erreicht werden kann.

Damit erhöhen sich die variablen Herstellkosten. Die Kostensteigerung wirkt sich voll auf den Deckungsbeitrag aus, wenn nicht gleichzeitig der Preis um denselben Wert hochgesetzt werden kann.

Bleiben wir bei dem oben genannten Produkt und gehen davon aus, daß die Qualitätssteigerung um DM 5,— höhere variable Kosten verursacht.

Nun stellen wir die drei Kalkulationen gegenüber:

	Kalkulation bisher	erhöhte variable Kosten	Preissteigerung
Umsatz	DM 40,—	DM 40,—	DM 45,—
÷ variable Kosten	DM 25,—	DM 30,—	DM 30,—
= Deckungsbeitrag	DM 15,—	DM 10,—	DM 15,—

Das volle Überwälzen der Kostenerhöhung auf den Preis wird nicht immer möglich sein. Eventuell können anteilig die Kostensteigerungen mit dem Preis aufgefangen werden, manchmal gar nicht.

Von dem Produkt konnten bisher pro Abrechnungsperiode 5.000 Stück abgesetzt werden, d. h., es wurde ein Deckungsbeitrag in Höhe von DM 75.000,— (5.000 × DM 15,—) erzielt.

Im Falle, daß die Kostensteigerung nicht über den Preis aufgefangen werden kann, muß der Deckungsbeitragsverlust von DM 25.000,— (5.000 × DM 5,—) durch gesteigerten Absatz ausgeglichen werden. Folgender Rechenvorgang gibt uns darüber Aufschluß:

$$\text{Mehrabsatz in Stück} = \frac{\text{verminderter Deckungsbeitrag gesamt}}{\text{verminderter Deckungsbeitrag je Stück}}$$

$$\text{Mehrabsatz in Stück} = \frac{25\,000,\text{—}}{10,\text{—}} = 2.500$$

Die Steigerung der Qualität muß ein Anreiz für den Käufer sein, der so groß ist, daß 2.500 Stück mehr oder 7.500 Stück gesamt abgesetzt werden können, um den gleichen Deckungsbeitrag wie bisher zu erwirtschaften.

Diese Rechnung gilt ebenso, wenn ein Teil der Kostenerhöhung durch eine Preissteigerung aufgefangen wird.

Im folgenden Beispiel können DM 4,— von der Kostensteigerung (DM 5,—) über den Preis wettgemacht werden. Zusätzlich soll das Ergebnis um DM 9.000,— gesteigert werden. Nebenstehende Stückzahl muß abgesetzt werden:

$$\text{Mehrabsatz in Stück} = \frac{\text{verminderter DB gesamt} + \text{Mehrergebnis}}{\text{verminderter Deckungsbeitrag je Stück}}$$

$$\text{Mehrabsatz in Stück} = \frac{(5\,000 - \text{DM } 1,\text{—}) + \text{DM } 9\,000,\text{—}}{\text{DM } 14,\text{—}} = 1.000$$

Um das gestellte Ziel zu erreichen, müssen 1.000 Stück mehr oder 6.000 Stück abgesetzt werden.

Diese Zahlen sind die vernünftige Basis für eine zu treffende Entscheidung, weil die Konsequenzen der Entscheidung aufgezeigt werden.

Der zweite Weg, eine Qualitätssteigerung zu erreichen, ist die Intensivierung der Qualitätskontrolle. Diese Maßnahme wirkt sich eindeutig auf die Fixkosten aus.

Gehen wir davon aus, daß für ein Produkt A mit folgender Kalkulation

Preis	DM 50,—
÷ variable Kosten	DM 30,—
= Deckungsbeitrag	DM 20,—

eine Qualitätskontrolle eingeführt wird, um die Produktqualität zu steigern. Dafür ergeben sich Zusatzkosten in Höhe von DM 10.000,—.

In der stufenweisen Deckungsbeitragsrechnung wären diese Kosten als Stellenfixkosten zu betrachten. Diese zusätzlichen Fixkosten müssen gedeckt werden. Die Frage lautet demnach, »wie viele Produkte A müssen mehr verkauft werden, um diese Zusatzkosten aufzufangen?«

$$\text{Mehrverkauf in Stück} = \frac{\text{Kosten für die Qualitätskontrolle}}{\text{Deckungsbeitrag je Stück}}$$

$$\text{Mehrverkauf in Stück} = \frac{10.000,\text{—}}{20,\text{—}} = 500$$

Das heißt, durch die Qualitätssteigerung muß ein Mehrverkauf von 500 Stück möglich sein, um die Kosten der Qualitätskontrolle zu decken. Ein besseres Ergebnis ist dabei noch nicht erzielt worden.

Diese Überlegung läßt sich auch graphisch darstellen:

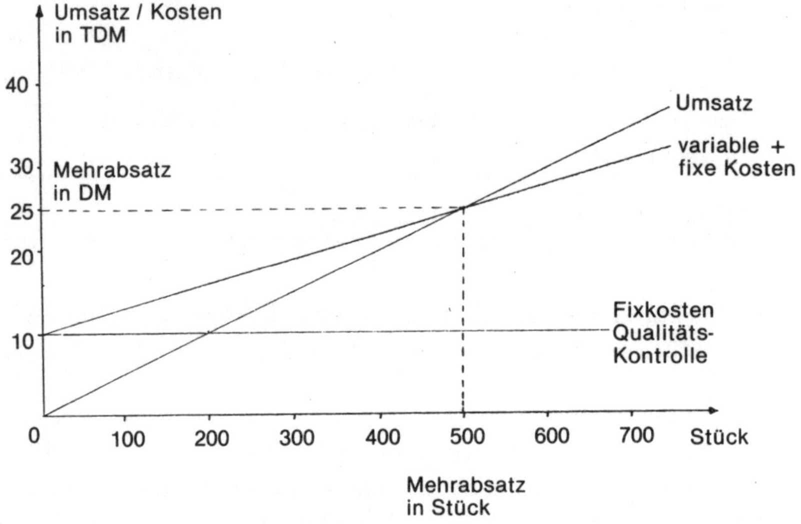

Durch den Einsatz einer Qualitätskontrolle kann es sein, daß die variablen Herstellkosten gesenkt werden, d. h., der Deckungsbeitrag steigt.

Die Rechnung der Fixkostendeckung durch gesteigerten Absatz kann genauso durchgeführt werden. Einzusetzen ist lediglich der veränderte Deckungsbeitrag.

6.7 Ist ein Produkt, das die Selbstkosten nicht mehr deckt, aus dem Produktionsprogramm zu entnehmen?

Auf diese Frage und deren Beantwortung möchte ich besonders hinweisen. Denn hier begegnen sich die beiden Kostenrechnungssysteme der Voll- und Teilkosten.

Das beste ist ein **Beispiel** aufzubauen. Wir haben drei Produkte, die eine Selbstkostenkalkulation wie folgt aufweisen:

Produkte	A	B	C
Preis	100,—	200,—	80,—
Material	20,—	60,—	20,—
Lohn	30,—	50,—	20,—
Fertigungsgemeinkosten (FGK)	20,—	30,—	30,—
Materialgemeinkosten (MGK)	1,—	3,—	1,—
Vertriebsgemeinkosten (VGK)	7,—	14,—	7,—
Verwaltungsgemeinkosten (VWGK)	7,—	14,—	7,—
Ergebnis	15,—	29,—	÷ 5,—

Nach der Kalkulation zu Vollkosten weist das Produkt C einen Verlust aus, also wird das Produkt aus dem Verkaufsprogramm gestrichen. Dieser Entscheidung liegt die einfache und genauso falsche Überlegung zugrunde, daß dann ein Verlust von DM 5,— vermieden wird, d.h., das gesamte Ergebnis um DM 5,— besser wird. Machen wir also die Überlegung ohne den Verkauf des Produktes C.

Produkte	A	B	C
Preis	100,—	200,—	—,—
Material	20,—	60,—	—,—
Lohn	30,—	50,—	—,—
FGK	20,—	30,—	20,—
MGK	1,—	3,—	1,—
VGK	7,—	14,—	7,—
VWGK	7,—	14,—	7,—
Ergebnis	15,—	29,—	÷ 35,—

Und siehe da, das gesamte Ergebnis wird nicht um DM 5,— besser, sondern um DM 30,— schlechter. Dieses Erscheinungsbild ist einfach zu erklären. Wird ein Produkt eingestellt, entfallen erst mal nur die variablen Kosten, während die Fixkosten bestehen bleiben. Die verbleibenden Fixkosten müssen dann von den anderen Produkten mitgetragen werden und verschlechtern deren Ergebnis.

Treiben wir das Spiel weiter und verteilen die DM 35,— auf die Produkte A und B mit DM 17,— auf A und DM 18,— auf B. Damit rutscht auch das Produkt A in ein Minusergebnis (DM 2,—), d. h., auch das wird eingestellt. Also muß nun das Produkt B die gesamten Fixkosten von C und A mittragen und wird damit auch zu einem Minusprodukt. Somit haben wir es geschafft, uns aus dem Markt herauszukalkulieren.

Das Beispiel zeigt ganz klar, daß die Kalkulation zu Selbstkosten nicht geeignet ist, eine Produktbeurteilung durchzuführen. Durch die Zurechnung der Fixkosten über Schlüssel kann sich für ein Produkt ein negatives Ergebnis errechnen, obwohl es einen guten Anteil für die Erreichung des Gesamtergebnisses erbringt. Dies wird veranschaulicht, wenn die Kalkulation der drei Produkte nach dem Prinzip der Deckungsbeitragsrechnung vollzogen wird.

Produkte	A	B	C
Preis	100,—	200,—	80,—
÷ variable Kosten			
Material	20,—	60,—	20,—
Lohn	30,—	50,—	20,—
anteilige FGK	10,—	20,—	10,—
= Deckungsbeitrag	40,—	70,—	30,—

Das so schlecht beurteilte Produkt C trägt pro verkauftes Stück DM 30,— dazu bei, die Fixkosten abzubauen.

Für die Erfolgskontrolle eines Produktes ist die Vollkostenrechnung nicht geeignet. Ein Produkt, das mit dem erzielten Verkaufspreis reine Selbstkosten nicht mehr deckt, kann sehr wohl noch einen vernünftigen Deckungsbeitrag erzielen. Wird ein Produkt nicht mehr verkauft, geht dieser Deckungsbeitragsanteil zur Fixkostendeckung verloren, so daß die verbleibenden Produkte diese Fixkosten mit abzudecken haben.

6.8 Konsolidierung des Artikelsortiments

Das Artikelsortiment eines Unternehmens wird bestimmt auf der einen Seite vom Absatzmarkt und auf der anderen Seite von den Produktionsmöglichkeiten. Beide Komponenten unterliegen einem ständigen Wandel, wobei der Markt die meisten Unwägbarkeiten in sich birgt.

In Abhängigkeit von den beiden Komponenten ist das Artikelsortiment zu gestalten. Aufbau und Konsolidierung des Artikelsortiments ist demnach ein kontinuierlicher Prozeß. Um diesen Prozeß in bestimmten Grenzen steuern zu können, ist ein gutes Instrumentarium notwendig.

Eines dieser Instrumente ist die Deckungsbeitragsrechnung, das andere die Statistik, d.h., es sind bekannte Zahlen, die nach den Gesichtspunkten der Deckungsbeitragsrechnung erstellt wurden, statistisch aufzubereiten. Daraus lassen sich Entscheidungen auf fundierter Basis ableiten.

Jeder Artikel wurde nach Deckungsbeitragsüberlegungen kalkuliert, d. h., die variablen Herstellkosten sind bekannt. Nun wird im Rahmen der Kostenträgerzeitrechnung der Artikelverkauf fortgeschrieben, wobei folgende Zahlen festgehalten werden:

— erzielter Bruttoumsatz
— Sondereinzelkosten des Vertriebes
— variable Herstellkosten
— verkaufte Menge.

Aus diesen Zahlen lassen sich folgende Zahlen errechnen:

— erzielter Deckungsbeitrag in DM gesamt
— Deckungsgrad
— erzielter Deckungsbeitrag je verkaufte Mengeneinheit.

Ist für die Artikel auch noch die Engpaßkapazität und deren Inanspruchnahme bekannt, so kann auch noch

— der Deckungsbeitrag je Engpaßeinheit

gerechnet werden.

Für die Beurteilung und Konsolidierung des Artikelsortiments sind alle deckungsbeitragsbezogenen Zahlen interessant.

Die erste wichtige Kerngröße, der erzielte Deckungsbeitrag gesamt in DM, sagt aus

— wieviel Deckungsbeitrag ein Artikel für den Abbau der Fixkosten erwirtschaftet hat und

— wieviel Deckungsbeitrag von den anderen Artikeln mehr erwirtschaftet werden muß, wenn dieser Artikel aus dem Programm genommen wird.

Ein Artikel kann erst dann aus dem Sortiment genommen werden, wenn

— der durch ihn erbrachte Deckungsbeitrag praktisch null ist
— der durch ihn erbrachte Deckungsbeitrag von anderen Artikeln erbracht wird
— der durch ihn erbrachte Deckungsbeitrag durch einen neuen Artikel erwirtschaftet wird.

Ansonsten ergibt sich eine Minderung des Gesamtergebnisses.

Beispiel

	X	Y	Z	Gesamt
Bruttoumsatz	400.000,—	200.000,—	100.000,—	700.000,—
÷ SEK Vertrieb	20.000,—	10.000,—	5.000,—	35.000,—
÷ variable HK	230.000,—	90.000,—	65.000,—	385.000,—
= DB	150.000,—	100.000,—	30.000,—	280.000,—
Fixkosten				200.000,—
Überdeckung				80.000,—

Wird der Artikel Z aus dem Sortiment entnommen, ohne daß der Deckungsbeitragsverlust von DM 30.000,— von den anderen oder neuen Artikeln aufgefangen wird, verschlechtert sich die Überdeckung um die DM 30.000,—.

Konsolidierung des Artikelsortiments heißt nicht nur Artikel eliminieren, sondern in bezug auf das Sortiment gezielter verkaufen.

Der Deckungsgrad zeigt in Prozent den Anteil des Deckungsbeitrages am Umsatz. Je größer der Deckungsgrad, um so größer auch der zu erzielende Deckungsbeitrag absolut bei Umsatzsteigerungen. D. h., diese Artikel sind im Verkauf zu forcieren, wenn nicht eine Beschränkung durch einen Produktionsengpaß besteht.

Existiert ein Produktionsengpaß für bestimmte Artikel, so ist für die Intensivierung des Vertriebes der oder die Artikel interessant, die den größten Deckungsbeitrag je Leistungseinheit des Engpasses erbringen.

Die volle Aussagekraft der Artikelstatistik wird dann erreicht, wenn für die drei Größen

— Deckungsbeitrag absolut
— Deckungsgrad und
— Deckungsbeitrag je Engpaßeinheit

Rangreihen gebildet werden.

D. h., der Artikel mit dem höchsten Deckungsbeitrag erhält die Rangziffer eins, der mit dem zweithöchsten Deckungsbeitrag die Rangziffer zwei usw.

Diese Rangreihen ermöglichen zunächst einmal einen schnellen Zugriff auf die Top-Artikel bzw. schlechten Artikel.

Doch die interessanteren Erkenntnisse ergeben sich beim Vergleich der Rangreihen. So kann es ohne weiteres vorkommen, daß ein Artikel in bezug auf den Deckungsbeitrag absolut eine hohe Rangziffer, in bezug auf die Engpaßeinheit eine niedere Rangziffer aufweist.

Das gleiche kann sich ergeben bei Deckungsbeitrag absolut zu Deckungsgrad oder auch umgekehrt.

Nachdem wir wissen, was diese Größen für Wirkungen haben, kann danach das Artikelsortiment gesteuert werden, d. h., Artikel im Verkauf forcieren, im jetzigen Zustand belassen, den Artikel auslaufen lassen oder durch einen neuen ersetzen.

Ein Unternehmen muß immer bestrebt sein, das Artikelsortiment zu haben, das in der Summe den größten Deckungsbeitrag verspricht und auch bringt, denn dann ist auch das bestmögliche Ergebnis für das Unternehmen erreicht.

Eine letzte Größe für die Artikelsteuerung soll noch genannt werden, der durchschnittlich erzielte Deckungsbeitrag je verkaufter Einheit. Der Vergleich dieses Deckungsbeitrages mit dem in der Artikelkalkulation ermittelten, gibt Aufschluß darüber, ob eventuell mit zuviel Preiszugeständnissen verkauft wird.

Beispiel

DB laut Kalkulation DM 10,—
durchschnittlich erzielter DB DM 8,—

Nachdem die Bewertung der Artikel mit den gleichen variablen Herstellkosten erfolgt, wird um DM 2,— unter Preis verkauft. Ein Hinweis, darüber nachzudenken.

Man muß nun fairerweise zugeben, daß bei größeren Artikelsortimenten diese Statistik mit den abgeleiteten Erkenntnissen manuell nicht mehr erstellbar ist, insbesondere weil die Informationen möglichst schnell und nicht erst nach einem halben Jahr zur Verfügung stehen müssen, sollen sie für die unternehmerische Entscheidung wertvoll sein. Das ist eine Aufgabe für die elektronische Datenverarbeitung.

6.9 Was bedeutet ein Rückgang der Absatzmenge bei einer Preiserhöhung?

Eine Preiserhöhung kann unterschiedliche Ursachen haben, z. B. der Artikel wird vom Markt verstärkt nachgefragt, die variablen Herstellkosten oder die Fixkosten erhöhen sich.

So lange der Artikel vom Markt nach wie vor in gleichem Maße abgenommen wird, die Preiserhöhung nur ein Ausgleich für gesteigerte Kosten war, ergibt sich keine geänderte Situation. Welche Auswirkung ergibt sich, wenn durch die Preiserhöhung die Absatzmenge zurückgeht?

Der Artikel A hat folgende Kalkulation:

Preis	DM 45,—
÷ variable Kosten	DM 25,—
= Deckungsbeitrag	DM 20,—

Zu diesem Preis konnten 2.500 Stück abgesetzt werden. Der Rohstoffeinsatz für diesen Artikel steigt durch eine Materialpreiserhöhung von

DM 3,—, so daß die variablen Kosten DM 28,— ausmachen. Die Erhöhung der variablen Kosten wird auf den Preis übergewälzt, so daß ein Verkaufspreis von DM 48,— eingesetzt wird.

Könnte die gleiche Menge wie vorher abgesetzt werden, wäre die Situation unverändert, weil der Deckungsbeitrag von DM 20,— pro Stück gleichgeblieben ist.

Geht aufgrund der Preiserhöhung die Absatzmenge um 100 Stück zurück, vermindert sich der Deckungsbeitrag um 100 x DM 20,— gleich DM 2.000,—.

Die Frage, die sich hier stellt, lautet:

»Kann der Preis noch weiter erhöht werden, um den durch den Rückgang der Absatzmenge verlorenen Deckungsbeitrag wieder wettzumachen?«

In diesem Fall würde das bedeuten, daß der Preis um

$$\frac{\text{eingebüßten Deckungsbeitrag}}{\text{verminderte Absatzmenge}} = \frac{2.000}{2.400} = \text{DM } 0{,}83$$

erhöht werden müßte, d. h. auf DM 48,83 gesamt angehoben werden müßte.

Mit diesem Preis und der verminderten Absatzmenge wird der gleiche Deckungsbeitrag gesamt wie vorher erzielt.

Der Rückgang der Absatzmenge bedeutet immer dann eine Ergebnisschmälerung, wenn der verminderte Absatz durch eine Preisanhebung nicht ausgeglichen werden kann.

6.10 Erweiterung des Außendienstes

Will man ein neues Verkaufsgebiet erschließen oder ein bestehendes intensivieren, so kann man dies durch die Erweiterung des Außendienstes anstreben.

Zur Diskussion steht dann die Entscheidung, »wird der Außendienst um einen freien Vertreter oder einen angestellten Reisenden aufgestockt?«

Der freie Vertreter erhält eine Provision in Abhängigkeit des getätigten Umsatzes und verursacht nur variable Kosten. Der angestellte Reisende erhält ein Fixum und eine Provision, die allerdings ein gutes Stück geringer ist als die des Vertreters.

Nun ist es sicher interessant zu wissen, welchen Weg der Entscheidung man gehen soll. Man kann eindeutig festlegen, ab welchem Umsatz der angestellte Reisende kostengünstiger ist.

Beispiel

Der freie Vertreter erhält eine umsatzabhängige Provision von 10 Prozent.

Der angestellte Reisende erhält ein Fixum in Höhe von DM 10.000,— und eine Provision von 6 Prozent.

In einer Grafik läßt sich schnell darstellen, wann der Schnittpunkt erreicht wird, von dem ab der angestellte Reisende kostengünstiger ist.

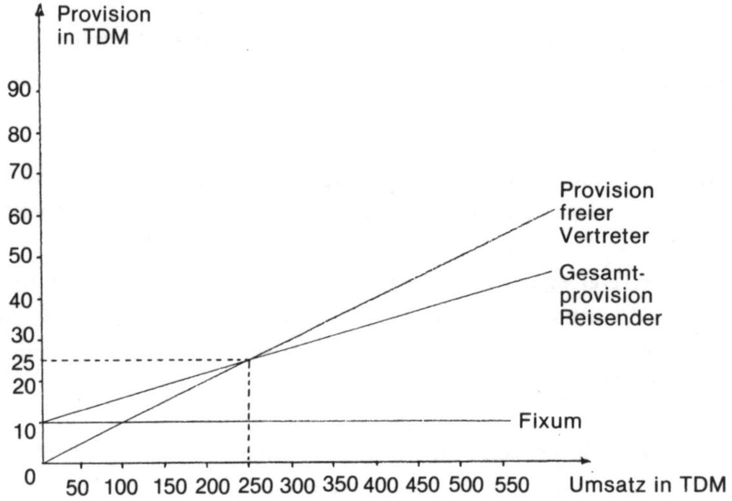

In der Grafik stellen wir den Provisionsverlauf der beiden Mitarbeiter dar. Bei dem freien Vertreter beginnt die Gerade im Nullpunkt, da dieser Mitarbeiter ausschließlich in Abhängigkeit des Umsatzes honoriert wird. Bei dem angestellten Reisenden haben wir Fixkosten in Höhe von DM 10.000,—, die unabhängig vom Umsatz anfallen.

Darüber hinaus entstehen die umsatzabhängigen Kosten für die Provision. In dem Schnittpunkt der beiden Geraden zeigt sich, bei welchem Umsatz beide Mitarbeiter die gleiche Geldsumme für ihre Tätigkeit erhalten.

In dem Beispiel ist das bei einem Umsatz von DM 250.000,— der Fall. Bis zu diesem Umsatz ist der freie Vertreter kostengünstiger. Wird der Umsatz von DM 250.000,— überstiegen, ist der angestellte Reisende kostengünstiger.

Eine weitere Betrachtung bei der Erweiterung des Außendienstes ergibt sich, wenn ein Reisender eingestellt wird, d.h., die Alternative zu einem Vertreter ist aus bestimmten Gründen nicht gegeben. Ein neuer Reisender verursacht zusätzliche fixe Kosten, z. B. Gehalt, Kosten für ein Fahrzeug, Werbematerial etc.

Die Frage ist, wieviel muß der neue Mitarbeiter umsetzen, um die zusätzlichen Fixkosten zu decken und darüber hinaus ein bestimmtes Ergebnis zu erzielen.

Nachdem ein Reisender nicht nur einen Artikel verkauft, ist in diesem Fall von durchschnittlichen Kosten auszugehen.

Beispiel

Bei dem Artikelsortiment, das der Reisende zu verkaufen hat, stehen einem Umsatz von DM 1.000,— im Durchschnitt DM 600,— variable Kosten gegenüber, d.h., es wird ein Deckungsbeitrag von DM 400,— erzielt.

Die zusätzlichen Fixkosten pro Jahr für den neuen Mitarbeiter belaufen sich auf DM 60.000,—.

Man will nun wissen, wieviel Umsatz nötig ist, um die Fixkosten zu decken und wieviel Umsatz nötig ist, um ein Ergebnis von DM 50.000,— für das Unternehmen zu erzielen.

Wir errechnen nach der bekannten Formel der kritischen Stückzahl den Multiplikator für den notwendigen Umsatz zur Fixkostendeckung.

$$\text{Multiplikator} = \frac{\text{zusätzliche Fixkosten}}{\text{durchschnittlicher DB}}$$

$$\text{Multiplikator} = \frac{60.000,\!—}{400,\!—} = 150$$

Nach dieser Rechnung muß der neue Außendienstmitarbeiter einen Umsatz von 150 x 1.000 DM erbringen, damit die durch ihn entstandenen Fixkosten durch den erzielten Deckungsbeitrag gedeckt sind.

Auch hier ist die grafische Darstellung möglich und aus Gründen der Anschaulichkeit oft günstiger.

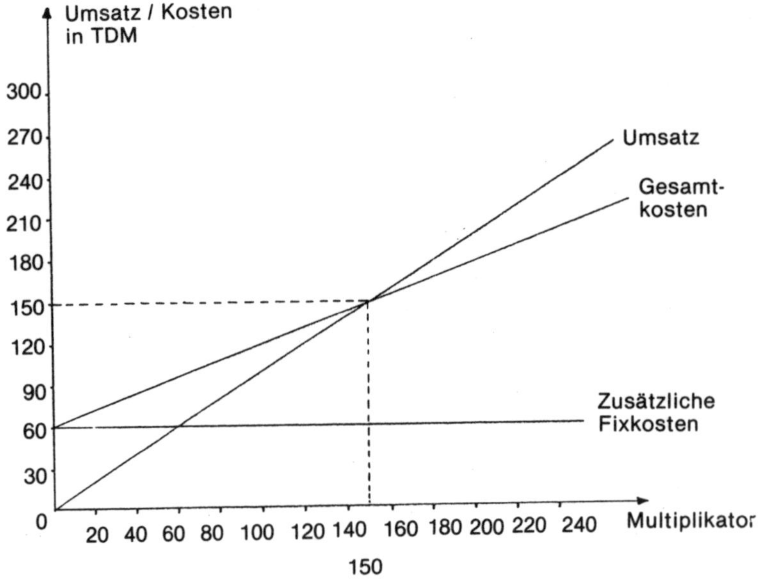

Nach der gleichen Methode, d. h. mit der Formel der kritischen Stückzahl, errechnen wir den Multiplikator für den Umsatz, der ein Ergebnis von DM 50.000,— erbringt.

$$\text{Multiplikator} = \frac{\text{zusätzliche Fixkosten} + \text{Ergebnis}}{\text{durchschnittlicher Deckungsbeitrag}}$$

$$\text{Multiplikator} = \frac{60.000,\text{—} + 50.000,\text{—}}{400,\text{—}} = 275$$

Die Kontrollrechnung zeigt die Richtigkeit der Überlegung:

Umsatz	275 x DM 1.000,—	= DM 275.000,—
÷ variable Kosten	275 x DM 600,—	= DM 165.000,—
= Deckungsbeitrag		DM 110.000,—

Mit diesen Zahlen kann die Unternehmensleitung entscheiden, ob der Einsatz eines zusätzlichen Reisenden sinnvoll ist oder nicht, d. h., das Verkaufsgebiet den notwendigen Umsatz zuläßt.

6.11 Eröffnung einer Verkaufsniederlassung

Wenn neue Absatzmärkte erschlossen oder bestehende ausgebaut werden sollen, stellt sich nicht nur die Frage nach einem verstärkten Außendienst. Oft gehen dann die Überlegungen in Richtung einer neuen Verkaufsniederlassung. Um eine solche Entscheidung treffen zu können, müssen gute Grundlagen geschaffen werden.

Die Eröffnung einer Verkaufsniederlassung ist gleichbedeutend mit dem Aufbau einer Kostenstelle oder eines Kostenbereiches. Es sind Investitionen zu tätigen, Personal zu verpflichten etc., d. h., es entstehen fixe Kosten.

Zusätzliche fixe Kosten müssen über zusätzlich erzielte Deckungsbeiträge gedeckt werden, bzw. wenn dies nicht erreicht wird, belasten die nicht gedeckten Kosten das gesamte Ergebnis.

Ein Zahlenbeispiel soll genauen Aufschluß über die Entscheidungsvorbereitung geben.

Als erstes sind die entstehenden Fixkosten zu planen:

— Miete für ein Büro-, Lagergebäude	DM 30.000,—
— Heizung, Strom	DM 2.000,—
— Telefon, Fernschreibanlage	DM 4.800,—
— Büromaterial	DM 3.000,—
— Abschreibung auf Einrichtung	DM 5.000,—
— Versicherungen	DM 6.000,—
— Entlohnung fest angestelltes Personal	DM 150.000,—
— Fuhrpark	DM 11.200,—
Gesamt	DM 212.000,—

Der Fixkostenblock pro Abrechnungsperiode beträgt DM 212.000,—. Als nächstes ist festzuschreiben, welches Artikelsortiment über diese Verkaufsniederlassung verkauft wird.

Anschließend sind die durchschnittlich anfallenden variablen Kosten für eine zu definierende Umsatzgröße zu ermitteln. Hier kann man sich auf die Zahlen vergleichbarer Niederlassungen oder auf Vertreterbezirke stützen.

Gehen wir einmal davon aus, daß diese Rechnung ergeben hat, daß bei einem Umsatz von DM 5.000,— durchschnittlich DM 3.000,— variable Kosten anfallen, d. h. ein Deckungsbeitrag von DM 2.000,— verbleibt.

Der dritte Schritt ist, nun zu errechnen, welcher Umsatz bei dieser Verkaufsniederlassung erreicht werden muß, um die fixen Kosten zu decken.

Zuerst die grafische Lösung:

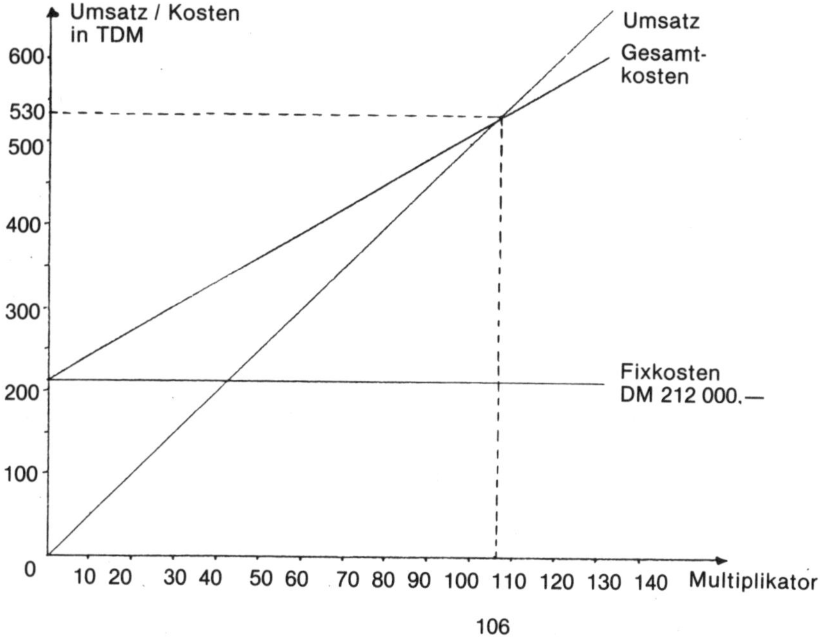

Der Umsatz, der erzielt werden muß, um die Fixkosten zu decken, beträgt DM 530.000,—.

Rechnerisch ergibt sich die Umsatzgröße durch die Ermittlung des Multiplikators für den durchschnittlichen Umsatz von DM 5.000,—.

$$\text{Multiplikator} = \frac{\text{Fixkosten}}{\text{durchschnittlicher DB}}$$

$$\text{Multiplikator} = \frac{212.000,-}{2.000,-} = 106$$

Notwendiger Umsatz	106 x DM 5.000,—	= DM 530.000,—
entsprechende variable Kosten	106 x DM 3.000,—	= DM 318.000,—
= Deckungsbeitrag zur Fixkostendeckung		DM 212.000,—

Nach der gleichen Methode kann auch der Umsatz ermittelt werden, der ein fest definiertes Ergebnis über die Deckung der Fixkosten hinaus erbringt.

In diesem Fall ist einfach der Fixkostenbetrag um das gewünschte Ergebnis zu erhöhen.

Beispiel

Über die Deckung der Fixkosten hinaus soll ein Ergebnis von DM 48.000,— erzielt werden.

$$\text{Multiplikator} = \frac{\text{Fixkosten} + \text{Ergebnis}}{\text{durchschnittlicher DB}}$$

$$\text{Multiplikator} = \frac{212.000,\text{—} + 48.000,\text{—}}{2.000,\text{—}} = 130$$

Um dieses Ziel zu erreichen ist ein Umsatz von 130 x DM 5.000,— gleich DM 650.000,— notwendig.

Grafisch kann dies ebenfalls dargestellt werden. Es ist lediglich die Fixkostengerade um das gewünschte Ergebnis zu erhöhen. Damit verschiebt sich die Gesamtkostenkurve und der Schnittpunkt mit der Umsatzkurve.

Nach dieser Rechnung liegen die Zahlen für die Unternehmensleitung zur Entscheidung vor, d.h., dann in dem Verkaufsgebiet der notwendige Umsatz von minimal DM 530.000,— erzielt werden.

6.12 Welcher zusätzliche Umsatz muß erzielt werden, um die Kosten einer Erweiterungsinvestition auszugleichen?

Wird eine Erweiterungsinvestition durchgeführt, so hat dies meistens zwei Gründe:

— die Kapazität zu erweitern und/oder
— eine Verbesserung im Herstellungsverfahren zu erzielen.

Im ersten Fall steigen durch die Investition die fixen Kosten und es wird die Möglichkeit geschaffen, mehr zu produzieren.

Im zweiten Fall steigen durch die Investition meistens auch die fixen Kosten, aber die variablen Herstellkosten sollen gleichzeitig vermindert werden.

Beschäftigen wir uns erst mit der Erweiterungsinvestition für die Kapazität.

Welche Fixkosten fallen vermehrt an?

— Abschreibungen
— Zins
— Versicherung,

dazu kann aber auch noch das Gehalt eines neuen Mitarbeiters kommen.

Beispiel

Auf einer Produktionskostenstelle wird der Artikel A gefertigt. Er zeigt folgende Kalkulation:

Preis	DM 100,—
÷ variable Kosten	DM 60,—
= Deckungsbeitrag	DM 40,—

Die fixen Kosten der Stelle betragen DM 60.000,—.

Die Kostenstelle hat eine Kapazität von 2.000 Stück, die praktisch ausgeschöpft ist. Man plant eine Erweiterung der Kapazität; dabei bestehen zwei Möglichkeiten:

a) Investitionssumme DM 20.000,— für eine Mehrkapazität von 500 Stück

b) Investitionssumme DM 25.000,— für eine Mehrkapazität von 1.000 Stück.

Die Fragen, die zu beantworten sind, lauten:

— Um wieviel muß der Umsatz gesteigert werden, damit die Fixkosten der Erweiterungsinvestition gedeckt sind und

— ist die erweiterte Kapazität dafür ausreichend?

Fall (a)

$$\text{notwendige Mehrabsatzmenge} = \frac{\text{Fixkosten der Investition}}{\text{DB je Stück}}$$

$$\text{notwendige Mehrabsatzmenge} = \frac{\text{DM } 20.000,\!—}{40,\!—} = 500$$

Es müssen 500 Stück mehr abgesetzt werden, um die Kosten der Erweiterungsinvestition zu decken. Die Investition ist nicht interessant, da die Kapazitätserweiterung nur 500 Stück mehr Ausstoß zuläßt. Damit ist ein Mehrergebnis nicht erreichbar.

Fall (b)

$$\text{notwendige Mehrabsatzmenge} = \frac{\text{Fixkosten der Investition}}{\text{DB je Stück}}$$

$$\text{notwendige Mehrabsatzmenge} = \frac{25.000,\text{—}}{40,\text{—}} = 625$$

In diesem Fall sind 625 Stück mehr abzusetzen, um die Fixkosten zu decken. Nachdem bei dieser Investition die Kapazität um 1.000 Stück erhöht wird, läßt sich hier ein maximales Zusatzergebnis von

(1.000 ÷ 625) × DM 40,— = DM 15.000,—

erzielen.

Die Entscheidung, eine Erweiterungsinvestition durchzuführen, hängt von zwei Komponenten ab: dem Umsatz und der Zusatzkapazität.

In der grafischen Darstellung sieht die Erweiterungsinvestition wie folgt aus:

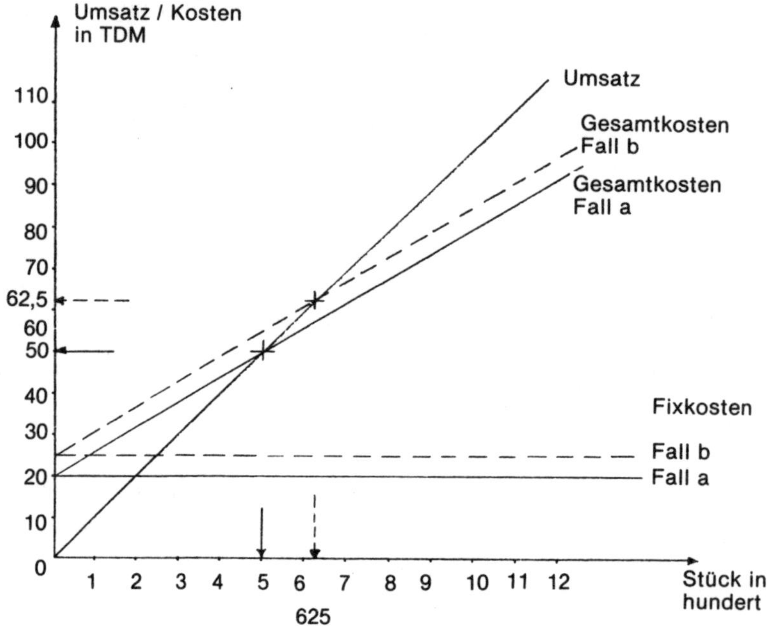

Die Grafik zeigt jeweils den Mehrabsatz und Mehrumsatz zur Deckung der Fixkosten. Entsprechend kann der Gesamtabsatz und Gesamtumsatz dargestellt werden. Um dies zu erreichen, sind die bisherigen Fixkosten der Stelle von DM 60.000,— mit einzubeziehen.

Als nächstes wollen wir uns mit der Erweiterungsinvestition auseinandersetzen, mit der eine Verbesserung im Herstellungsverfahren erzielt wird.

Bleiben wir bei dem Produkt A. Mit der Investition von DM 20.000,— können 500 Stück mehr erzeugt werden, die variablen Herstellkosten lassen sich aber gleichzeitig um DM 10,— auf DM 50,— senken, so daß sich folgende neue Kalkulation ergibt:

Preis	DM 100,—
÷ variable Kosten	DM 50,—
= Deckungsbeitrag	DM 50,—

Die durch die Erweiterungsinvestition entstehenden Fixkosten können bereits bei einem geringeren Umsatz gedeckt werden.

$$\text{notwendige Mehrabsatzmenge} = \frac{\text{Fixkosten der Investition}}{\text{erweiterten DB je Stück}}$$

$$\text{notwendige Mehrabsatzmenge} = \frac{20.000,\text{—}}{50,\text{—}} = 400$$

Mit einem Mehrabsatz von 400 Stück sind die Fixkosten der Investition gedeckt. Demnach ist hier ein Mehrergebnis von 100 Stück × neuer DB von DM 50,— = DM 5.000,— möglich.

Doch damit sind die Möglichkeiten noch nicht erschöpft. Durch den höheren Deckungsbeitrag können auch die bisherigen Fixkosten von DM 60.000,— schneller gedeckt werden, nämlich mit folgender Stückzahl.

$$\frac{\text{Fixkosten bisher}}{\text{erweiterter DB je Stück}} = \frac{60.000,\text{—}}{50,\text{—}} = 1.200$$

Bei dem bisherigen Deckungsbeitrag von DM 40,— je Stück war die notwendige Absatzmenge 1.500 Stück. Daraus ergibt sich die Möglichkeit mit der Differenz von 300 Stück das Ergebnis weiter zu verbessern.

Das folgende maximale Ergebnis kann mit der Investition erzielt werden:

Bisherige Kapazität	2.000 Stück
Erweiterte Kapazität	500 Stück
Bisherige Fixkosten	DM 60.000,—
Zusätzliche Fixkosten Investition	DM 20.000,—
Neuer Deckungsbeitrag je Stück	DM 50,—

Notwendige Absatzmenge zur Deckung der Fixkosten $= \dfrac{60.000,\!— + 20.000,\!—}{50,\!—} = 1.600$

Mögliches Ergebnis = Reststückzahl × DB je Stück
= (2.500 ÷ 1.600) × DM 50,—
= DM 45.000,—.

Unter der Voraussetzung, daß die gesamte Menge von 2.500 Stück abgesetzt werden kann, wird mit der Investition gegenüber bisher ein Mehrergebnis erzielt, das sich wie folgt errechnet.

	alt	neu
Fixkostensumme	60.000,—	80.000,—
DB je Stück	40,—	50,—
Absatzmenge zur Fixkostendeckung	1.500	1.600
Maximalausstoß Stück	2.000	2.500
Ausstoß für Ergebnis	500	900
mal		
DB je Stück	40,—	50,—
Ergebnis	20.000,—	45.000,—
Mehrergebnis		25.000,—

Abschließend zum Thema Investition ein paar Ausführungen zur Kapitalrentabilität. Wird eine Investition geplant, dann wird meistens nicht von einem zu erzielenden Ergebnis gesprochen, sondern von der Kapitalverzinsung.

Die Aussage lautet dann »das Kapital muß sich mit 20 % verzinsen oder die Kapitalrentabilität muß 20 % betragen«.

Beispiel

Es soll eine Investition durchgeführt werden mit einem Kapitaleinsatz von DM 50.000,—.

Die angestrebte Kapitalrendite ist 20 %.

Die Artikelgruppe, für die diese Investition durchgeführt werden soll, erbringt folgenden Durchschnittsdeckungsbeitrag:

Umsatz	DM 1.000,—
÷ variable Kosten	DM 600,—
= Deckungsbeitrag	DM 400,—

Zuerst müssen die DM 50.000,— Investitionssumme gedeckt werden, darüber hinaus soll sich das Kapital mit 20 % verzinsen, d. h., es müssen weitere DM 10.000,— erwirtschaftet werden.

Wir errechnen nun den Umsatzmultiplikator, der notwendig ist, um DM 60.000,— zu erwirtschaften.

$$\text{Multiplikator} = \frac{\text{Kosten der Investition} + \text{Verzinsungsbetrag}}{\text{durchschnittlicher Deckungsbeitrag}}$$

$$\text{Multiplikator} = \frac{50.000,\!— + 10.000,\!—}{400,\!—} = 150$$

Es muß ein Mehrumsatz von DM 150.000,— erzielt werden, um die Kosten der Investition zu decken und das Kapital mit 20 % zu verzinsen.

7 Die Kontrolle der Rentabilität durch Vergleich des Ist-Erfolges mit dem Absatzplan

Inhaltsübersicht

Die Deckungsbeitragsrechnung ist ein ausgezeichnetes Instrument für die Erarbeitung von Entscheidungsgrundlagen und Durchführung von Kontrollrechnungen.

Eine optimale Kontrolle wird aber erst dann möglich, wenn eine Größe vorhanden ist an der etwas gemessen werden kann, d.h., eine Vorgabe bzw. ein Plan.

Den Erfolg eines Artikels im Plan-Ist-Vergleich kann man durch die Gegenüberstellung der Vor- und Nachkalkulation messen. Eine weitaus interessantere Information stellt die Gegenüberstellung von Plan und Ist in der Kostenträgerzeitrechnung dar, d.h., in der Kumulation.

So wichtig die Zeitpunktbetrachtung ist, für unternehmerische Entscheidungen ist die Zeitraumbetrachtung eine unentbehrliche Unterlage.

Was muß für die Kostenträgerzeitrechnung geplant werden?

— Die Absatzmenge
— Der Preis
— Die variablen Kosten.

Alles andere, wie der Umsatz, der Deckungsbeitrag absolut, der Deckungsgrad, lassen sich aus diesen Größen errechnen. Ich gebe ohne weiteres zu, daß eine artikelbezogene Absatzplanung schwierig ist — aber ohne Fleiß kein Preis. Oder ohne gute Vorbereitung kein gutes Ergebnis.

Wenn das Artikelsortiment sehr umfangreich ist, kann man entweder die Planung auf Artikelgruppen beziehen oder, was ich bevorzuge, erst mal eine ABC-Analyse durchführen. Die A-Artikel werden genau geplant, die B-Artikel in kleinen Gruppen und die C-Artikel in großen Gruppen oder global.

Bei der Gruppenplanung kann selbstverständlich nur noch der Umsatz und die durchschnittlich anfallenden variablen Kosten auf einen Multiplikator, wie gehabt, geplant werden, oder man drückt die variablen Kosten in Prozent vom Umsatz aus.

Gehen wir in unserer ersten Überlegung von einer Detailplanung aus und betrachten wir aus diesem Blickwinkel den Artikel A.

Planzahlen:

Absatzmenge 10.000 Stück
Verkaufspreis DM 20,—
variable Kosten DM 12,—.

Aus diesen Zahlen ergibt sich folgender Planansatz in der **Kostenträgerzeitrechnung:**

Absatzmenge-Plan	10.000
Planumsatz	DM 200.000,—
variable Kosten	DM 120.000,—
Plan-DB in DM	DM 80.000,—
Plan-DB in %	40 %

Wenn für den Artikel A für die gleiche Periode, für die die Planwerte gelten, folgende Ist-Zahlen vorliegen, was kann daraus abgeleitet werden?

Absatzmenge Ist	10.200
Ist-Umsatz	DM 198.000,—
variable Kosten	DM 122.400,—
Ist-DB in DM	DM 75.600,—
Ist DB in %	38,2 %.

Erst einmal ist festzustellen, daß der Deckungsbeitrag absolut geringer ist als im Planansatz.

Zwei Abweichungen können sich ergeben, die dafür verantwortlich zeichnen:

— die Mengenabweichung in den Verkaufseinheiten
— die Preisabweichung.

Wie aus dem Beispiel erkennbar, sind aber um 200 Stück mehr abgesetzt worden, d.h., die Mengenabweichung ist positiv. Wäre zum kalkulierten Verkaufspreis von DM 20,— verkauft worden, hätte der Ist-Umsatz eine Höhe von DM 204.000,— erreichen müssen.

Die Abweichung vom geplanten Deckungsbeitrag kann deshalb nur eine Preisabweichung sein, die sich wie folgt errechnet:

$$\frac{\text{Ist-Umsatz}}{\text{Ist-Absatzmenge}} = \frac{198.000,\text{—}}{10.200} = \text{DM } 19{,}41.$$

Das bedeutet, daß im Durchschnitt der Artikel A um DM 0,59 unter dem kalkulierten Preis verkauft wurde.

Die variablen Kosten werden im Plan und Ist in der Kostenträgerzeitrechnung gleich angesetzt. Diese Abweichungsrechnung wird in der Kalkulation durchgeführt.

Die Analyse der Abweichungen, die in der Kostenträgerzeitrechnung auftreten, ist in jedem Fall notwendig.

Denn sie gibt Aufschluß darüber, wo eine Abweichung entstanden ist und damit den Hinweis, welche Maßnahmen zur Behebung einzuleiten sind.

Die ausschließliche Betrachtung des Deckungsbeitrages ist nicht ausreichend, da sich die Situation ergeben kann, daß sich

— beide Abweichungen gegenseitig aufheben

oder

— eine Abweichung die andere überdeckt.

Gezielte Maßnahmen können nur ergriffen werden, wenn beide Abweichungen genau bekannt sind.

Dazu noch ein Beispiel auf Basis der vorherigen Zahlen.

	Plan	Ist	Abweichung
Absatzmenge	10.000	9.800	200
Umsatz	200.000,—	194.000,—	6.000,—
÷ variable Kosten	120.000,—	117.600,—	
= DB in DM	80.000,—	76.400,—	
DB in %	40 %	39,4 %	

Die Abweichung von DM 6.000,— gesamt setzt sich zusammen aus:

— Mengenabweichung 200 Stück × DM 20,— = DM 4.000,—
— Preisabweichung 9.800 × DM 20,— ÷ 194.000,— = DM 2.000,—

Bei der Planung bezogen auf Artikelgruppen ist nur noch der Umsatz der Gruppe zu planen. Die variablen Kosten können ermittelt werden, sei es mit dem Multiplikator oder prozentual.

Beispiele

Bei folgender Planung wurde zugrunde gelegt, daß folgende Durchschnittskalkulation für eine Artikelgruppe gilt:

Umsatz	DM 1.000,—
÷ variable Kosten	DM 600,—
= Deckungsbeitrag	DM 400,—

Diese Kalkulation bezieht sich auf den Multiplikator 1.
Der Anteil der variablen Kosten beträgt 60 % vom Umsatz.
Die Gegenüberstellung von Plan und Ist hat folgendes Aussehen:

Fall (a)

	Plan	Ist	Abweichung
Umsatz	200.000,—	194.000,—	6.000,—
variable Kosten	120.000,—	116.400,—	3.600,—
DB in DM	80.000,—	77.600,—	2.400,—

oder

Fall (b)

	Plan	**Ist**	**Abweichung**
Umsatz	200.000,—	194.000,—	6.000,—
variable Kosten	120.000,—	120.000,—	—,—
DB in DM	80.000,—	74.000,—	6.000,—

Bei dieser globalen Umsatzplanung kann die Abweichung, die sich ergibt, nicht mehr differenziert werden in die Mengen- und/oder Preisabweichung.

Im Fall (a) wird unterstellt, daß mit dem geplanten Preis aber eine zu geringe Menge verkauft wurde. Dies ergibt sich daraus, weil die variablen Kosten als Prozentanteil vom Umsatz ermittelt wurden.

Es wurde also unterstellt, daß die Relation Umsatz/variable Kosten sich nicht verändert hat.

Im Fall (b) wird unterstellt, daß die geplanten Mengen abgesetzt wurden, d.h., die Umsatzabweichung durch einen Verkauf unter Preis entstanden ist. Dies drückt sich aus in der gleichen Summe der variablen Herstellkosten. In diesem Falle ist die Umsatzabweichung identisch mit der Deckungsbeitragsabweichung.

Eine weitere interessante Information kann aus der Kostenträgerzeitrechnung gewonnen werden

— die Sales-Mix-Abweichung.

Dieses Schlagwort umschreibt die Verschiebung im Artikelsortiment vom geplanten Verkauf zum tatsächlich realisierten Verkauf.

In Zahlen ausgedrückt heißt das

— vom Artikel A sollten laut Plan 10.000 Stück verkauft werden, tatsächlich waren es aber nur 9.600 Stück;

— vom Artikel B sollten laut Plan 15.000 Stück verkauft werden, tatsächlich waren es aber 16.100 Stück.

Diese Sortimentsverschiebung läßt sich in Deckungsbeiträgen ausdrücken. Die Abweichung des Deckungsbeitrages laut geplantem Sortiment zum Deckungsbeitrag des tatsächlich abgesetzten Sortiments ergibt die Sales-Mix-Abweichung.

Die genaue Sales-Mix-Abweichung ergibt sich, wenn die Absatzmenge pro Artikel geplant wurde und eine Gegenüberstellung zum Ist-Absatz erfolgt.

Man kann sie jedoch auch global rechnen. In der Globalrechnung drückt sich dann die Sales-Mix-Abweichung des Gesamtdeckungsbeitrages Plan zum Gesamtdeckungsbeitrag Ist aus. Das anschließende **Beispiel** zeigt die Errechnung der Sales-Mix-Abweichung auf der Basis einer genauen Absatzmengenplanung.

Plan-Beispiel

Artikel	Absatzmenge	Verkaufspreis	Umsatz	Variable Kosten	Deckungsbeitrag in DM
A	5.000	60,—	300.000,—	200.000,—	100.000,—
B	3.000	80,—	240.000,—	150.000,—	90.000,—
C	4.000	40,—	160.000,—	80.000,—	80.000,—
D	6.000	50,—	300.000,—	120.000,—	180.000,—
E	1.000	100,—	100.000,—	40.000,—	60.000,—
F	2.500	30,—	75.000,—	25.000,—	50.000,—
Summe			1.175.000,—	615.000,—	560.000,—

Ist-Beispiel

Artikel	Absatz-menge	Verkaufs-preis	Umsatz	Variable Kosten	Deckungs-beitrag in DM
A	4.800	58,—	278.400,—	192.000,—	86.400,—
B	3.000	75,—	225.000,—	150.000,—	75.000,—
C	3.500	40,—	140.000,—	70.000,—	70.000,—
D	6.500	50,—	325.000,—	130.000,—	195.000,—
E	1.500	105,—	157.500,—	60.000,—	97.500,—
F	2.500	30,—	75.000,—	25.000,—	50.000,—
Summe			1.200.900,—	627.000,—	573.900,—

Für die Errechnung der Sales-Mix-Abweichung Deckungsbeitrag sind nur die Artikel wichtig, bei denen sich eine vom Plan abweichende Absatzmenge zeigt, d.h., im Beispiel Artikel A, C, D und E. Im Artikelsortiment hat sich eine Verschiebung ergeben, die den Deckungsbeitrag gesamt beeinflußt.

Die Abweichung des Deckungsbeitrages zwischen Plan und Ist kann man auf zwei Wegen ermitteln:

— die Abweichungsmenge wird mit dem geplanten Deckungsbeitrag pro Stück multipliziert oder

— die Abweichungsmenge wird mit dem Ist-Deckungsbeitrag multipliziert, d.h., es wird preisbereinigt berechnet.

Wir wollen die Sales-Mix-Abweichung mit dem geplanten Deckungsbeitrag errechnen.

Artikel	Mengen-differenz Plan-Ist	Verkaufs-preis -Plan	Umsatz	Variable Kosten	Deckungs-beitrag
A	÷ 200	60,—	÷ 12.000,—	8.000,—	÷ 4.000,—
C	÷ 500	40,—	÷ 20.000,—	10.000,—	÷ 10.000,—
D	+ 500	50,—	+ 25.000,—	10.000,—	+ 15.000,—
E	+ 500	100,—	+ 50.000,—	20.000,—	+ 30.000,—
Summe			+ 43.000,—	12.000,—	+ 31.000,—

Durch die Verschiebung im Artikelsortiment, d.h., durch den verstärkten Absatz von Artikel B und insbesondere E konnte nicht nur der Minderabsatz von A und C aufgefangen, sondern ein Plus im Deckungsbeitrag gesamt erzielt werden.

Daß der Gesamtzuwachs des Deckungsbeitrages nur DM 13.900,— beträgt, liegt an den Preisabweichungen. Diese ergaben sich bei

— Artikel A mit DM 9.600,— minus,
— Artikel B mit DM 15.000,— minus,
— Artikel E mit DM 7.500,— plus.

8 Die Datenverarbeitung als Hilfsmittel bei dem Einsatz der Deckungsbeitragsrechnung

Inhaltsübersicht

Welche Möglichkeiten die Deckungsbeitragsrechnung bei der Entscheidungsfindung in bezug auf die Produktrentabilität bietet, war Thema der vorausgegangenen Kapitel.

Doch so manches Mal wird sich der Gedanke eingeschlichen haben »wie soll das manuell bewältigt werden?«. Diese Überlegung tritt vor allem bei der Kostenträgerzeitrechnung stark in den Vordergrund.

Genau aus diesem Grunde soll zum Abschluß noch die Datenverarbeitung zu Ehren kommen, weil diese in der Lage ist, die Massenprobleme am wirkungsvollsten zu bewältigen. Sie werden sicher verstehen, daß ich hier keine EDV-technische Patentlösung geben kann, denn diese ist abhängig von der EDV-Anlage, die im Einsatz ist. Ich zeige hier einen Leitfaden auf, an Hand dessen der EDV-Einsatz aufgebaut werden kann. Wenn man das Problem angeht, muß man sich darüber klarwerden, welche Abhängigkeiten in einem Arbeitsgebiet datenorganisatorisch vorhanden sind. Die datenorganisatorischen Abhängigkeiten treten innerhalb des Arbeitsgebietes und zu angrenzenden Arbeitsgebieten auf.

Innerhalb des Gebietes Kostenrechnung ergibt sich die Abhängigkeit in den Stufen der Arbeitsbereiche

— Kostenartenrechnung
— Kostenstellenrechnung
— Kostenträgerstückrechnung
— Kostenträgerzeitrechnung
— Betriebsergebnisrechnung.

Der erste Arbeitsbereich der EDV-technisch zu realisieren ist, muß die Kostenartenrechnung sein, die die Daten für die anderen Bereiche der Kostenrechnung bereitstellt.

Die Kostenartenrechnung bezieht die meisten Daten aus vorgelagerten Arbeitsgebieten. Im einzelnen sind dies:

— Die Finanzbuchhaltung
  Dieses Arbeitsgebiet übergibt alle kostenrelevanten Aufwendungen.

— Die Gehaltsabrechnung.
  Dieses Arbeitsgebiet übergibt alle Gehälter und die darauf anfallenden gesetzlichen und tariflichen Sozialaufwendungen.

— Die Lohnabrechnung.
  Dieses Arbeitsgebiet übergibt alle Löhne und die darauf anfallenden gesetzlichen und tariflichen Sozialaufwendungen.

— Die Materialabrechnung.
  Dieses Arbeitsgebiet übergibt alle bewerteten Materialverbräuche.

— Die Fakturierung.
  Dieses Arbeitsgebiet übergibt die erzielten Erlöse und Sondereinzelkosten des Vertriebes.

— Die Provisionsabrechnung.
  Dieses Arbeitsgebiet übergibt die umsatzabhängige bzw. deckungsbeitragsabhängige Provision.

— Die Anlagenbuchhaltung.
  Dieses Arbeitsgebiet übergibt die kalkulatorischen Abschreibungen und Zinsen.

Zuletzt ist noch die Leistungserfassung zu nennen, die die Leistungsdaten für die Kostenverrechnung der Gemeinkosten bereitstellt.

Die Kenntnis dieser Zusammenhänge ist notwendige Basis für den Einsatz der EDV.

Soll die Kostenartenrechnung nur die Kostenstellenrechnung bedienen, sind nur die Werte in der Finanzbuchhaltung, Lohn-, Gehaltsabrechnung und Materialabrechnung mit Kostenstellen zu kontieren. Damit kann eine Kostenartenliste erzeugt werden, in der für jede Kostenstelle, die Kostenarten mit den Einzelwerten und Summen dargestellt sind.

In der Kostenartenliste können die einzelnen Kostenarten nach den Gesichtspunkten der Deckungsbeitragsrechnung, d.h., getrennt nach fix und variabel ausgegeben werden. Voraussetzung ist dafür, daß die Definition für die Kostenauflösung sowohl bei den Kostenstellen als auch bei den Kostenarten vorgenommen wurde.

Nachdem in der Deckungsbeitragsrechnung eine Umlage von Kostenstellen nicht erfolgt, enthält diese Kostenartenliste alle Angaben für die Erstellung des Betriebsabrechnungsbogens, nämlich die primären Gemeinkosten je Kostenart und Kostenstelle getrennt in fixe und variable Bestandteile.

Werden nun die Werte der Kostenartenliste bezogen auf die Kostenart und Kostenstelle kumuliert, DV-technisch kein schwieriges Problem, so kann maschinell ein Kostenstellenbogen erzeugt werden.

Auf diese Weise kann mit geringen Mitteln die erste Stufe der Deckungsbeitragsrechnung mit der EDV realisiert werden.

Auf den folgenden Seiten ist je ein Muster für eine Kostenartenliste und einen Kostenstellenbogen dargestellt.

DATUM 30.06.79 KOSTENARTENLISTE SEITE 003

KOSTEN-STELLE	ART	BUCHUNG DATUM	KOSTEN-BETRAG AUF DM GERUNDET FIX	VARIABEL	RUND DIFF	BUCHUNGSTEXT	BELEG-NUMMER
3010	4030	03.06		4.347	0.43-	FUER ANLAUF	3008
		05.06		182	0.24+	REPARATUR	3010
		11.06		1.714	0.17+		3018
		18.06		63	0.00		3021
		26.06		810	0.12-	ZUSATZVERBRAUCH	3023
	SUMME KO'ART			7.116	0.14-		
	4035	04.06	367		0.07+		3711
		10.06	28		0.02+		3724
		21.06	5.112		0.18-	SONDERREPARATUR	3731
	SUMME KO'ART		5.507		0.09-		
SUMME KOSTENSTELLE			5.507	7.116			
3020	4030	02.06		1.318	0.00		3007
		04.06		457	0.28+		3009
		19.06		719	0.03+		3022
	SUMME KO'ART			2.494	0.31+		

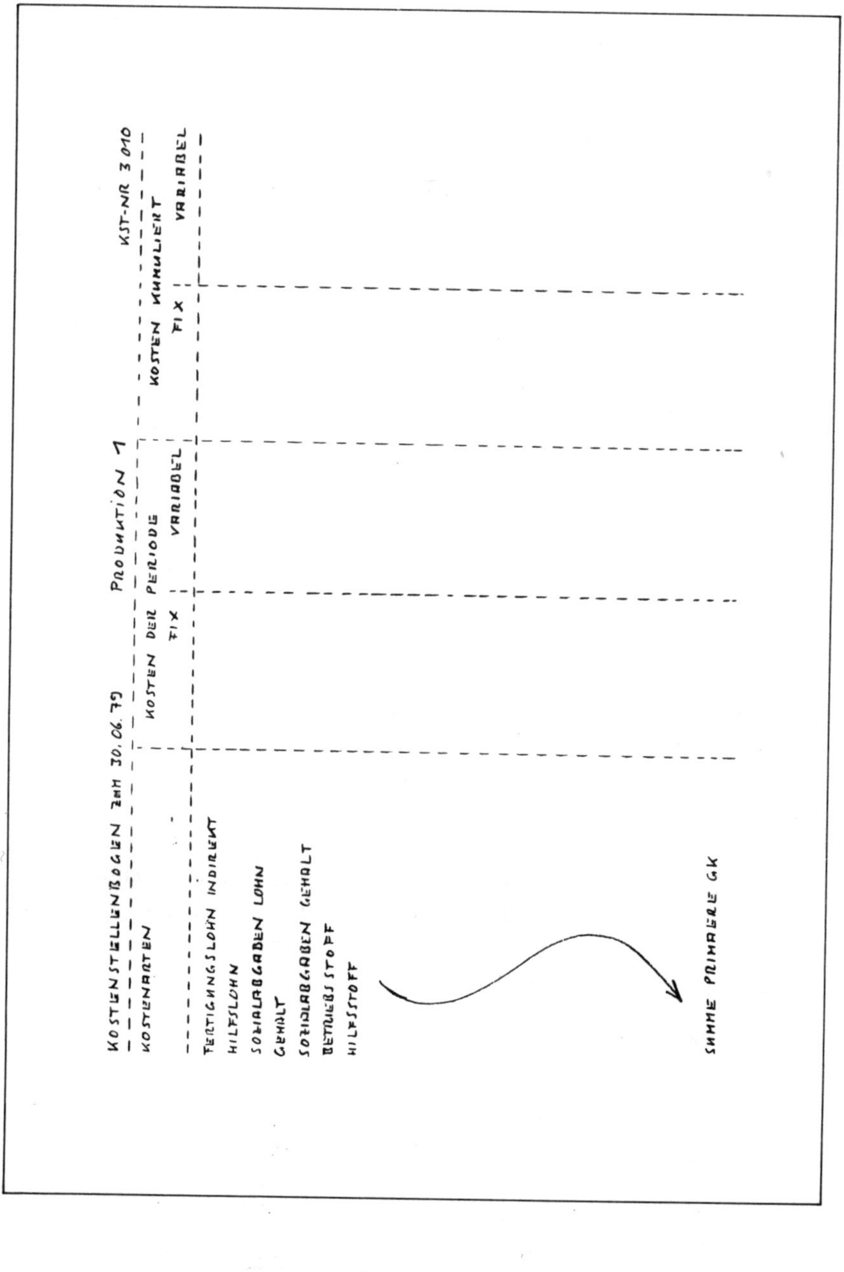
KOSTENSTELLENBOGEN ZUM 30.06.79
PRODUKTION 1
KST-NR 3010
KOSTENARTEN
KOSTEN DER PERIODE
FIX
VARIABEL
KOSTEN KUMULIERT
FIX
VARIABEL
FERTIGUNGSLOHN INDIREKT
HILFSLOHN
SOZIALABGABEN LOHN
GEHALT
SOZIALABGABEN GEHALT
BETRIEBSSTOFF
HILFSSTOFF
SUMME PRIMAERE GK

Der nächste Schritt ist das Hinzufügen der Kostenstellenleistung und das Errechnen des variablen Gemeinkostensatzes.

Die bis jetzt geschilderten EDV-technischen Auswertungen, Kostenartenliste und Kostenstellenbogen sind auch mit kleineren Datenverarbeitungsanlagen realisierbar.

Das nächste Arbeitsgebiet, das sich anschließt, ist die Kostenträgerstückrechnung bzw. Kalkulation. Der Schwerpunkt dieses Gebietes liegt im Mengen- und Ablaufgerüst des Produktes, d.h., in der Stückliste und im Arbeitsplan. Daß die Stücklisten- und Arbeitsplanverwaltung ein organisatorisch aufwendiges Arbeitsgebiet ist, muß eigentlich nicht betont werden.

Aus diesem Grunde behilft man sich bei der Kalkulation damit, das Mengengerüst einzugeben und dieses maschinell bewerten zu lassen. Nachdem die variablen Herstellkosten nicht täglich zu ermitteln sind, ist diese Vorgehensweise zwar nicht das Optimale, aber akzeptabel.

Die Aussage gilt sowohl für die Vor- als auch die Nachkalkulation. Wird die Vorkalkulation abgespeichert, kann die Gegenüberstellung zur Nachkalkulation mit Abweichungsrechnung maschinell durchgeführt werden. Auf der Folgeseite ist eine Musterkalkulation dargestellt.

Ein Schwerpunktarbeitsgebiet für die EDV ist die Kostenträgerzeitrechnung. Bei diesem Arbeitsgebiet trifft die Aussage der Massendatenverarbeitung zu. Die Aussagefähigkeit der Kostenträgerzeitrechnung hängt mit davon ab, wieviel Daten aufbewahrt, d.h. gespeichert werden können. Gehen wir einmal die drei Zeitrechnungen

— die Artikelerfolgsrechnung
— die Kundenerfolgsrechnung
— die Vertretererfolgsrechnung

in bezug auf ihre Möglichkeiten durch.

KALKULATION: PRODUKT A DATUM: 05.01.79 SEITE 01

KALKULATIONSEINHEIT: 1 STUECK PRODUKTNUMMER: 30804

TEXT	MENGE		BEWER-TUNG	KOSTEN/ERLOES		ABWEICHUNG	
	SOLL	IST		SOLL	IST	DM	%
MATERIAL 1	105		5,10	535,50			
MATERIAL 2	50		12,50	625,00			

Bei der Artikelerfolgsrechnung sind folgende Informationen pro Artikel als Mindestaussage zu fordern:

— Bruttoumsatz
— Sondereinzelkosten des Vertriebes
— Nettoumsatz
— variable Herstellkosten
— Deckungsbeitrag in DM
— Deckungsbeitrag in %.

Zusätzliche interessante Informationen sind

— die verkaufte Menge

— der durchschnittlich erzielte Deckungsbeitrag pro verkaufter Mengeneinheit

— der Deckungsbeitrag je Leistungseinheit der Engpaßkapazität

— die Rangziffer, die der Artikel im Vergleich zu den anderen Artikeln einnimmt, wobei einmal der Deckungsbeitrag absolut und zum anderen der Deckungsgrad zur Bildung der Rangreihen herangezogen wird.

Eine weitere Differenzierung kann noch dadurch vorgenommen werden, wenn die Sondereinzelkosten des Vertriebes und/oder die variablen Herstellkosten aufgeteilt werden. Dies ist dann interessant, wenn eine Kostenart, z.B. Provision oder Lohn, einen überdurchschnittlichen Anteil ausmacht.

Möglichkeiten gute Aussagen zu erzielen, sind genug vorhanden. Da die Artikelerfolgsrechnung ihre volle Aussagekraft aber erst in der Kumulation erhält, sind alle Werte zu speichern, d.h., je mehr Speicherplatz vorhanden ist, um so mehr Informationen können gewonnen werden. Bei sehr beschränktem Speicherplatz kann es notwendig sein, die Informationen bezogen auf Artikelgruppen darzustellen.

Noch mehr in den Vordergrund tritt das Speicherproblem bei der Kundenerfolgsrechnung, wenn pro Kunde der Erfolg aufgeschlüsselt nach Artikel bzw. Artikelgruppen dargestellt werden soll. Im Normalfall genügt jedoch die Erfolgsdarstellung pro Kunde mit den Informationen

— Bruttoumsatz
— Sondereinzelkosten Vertrieb
— Netto-Umsatz
— variable Herstellkosten
— Deckungsbeitrag in DM
— Deckungsbeitrag in %
— Rangreihen der Kunden nach Deckungsbeitrag absolut und Prozent.

Eine Aufschlüsselung von Kosten nach Schwerpunktbestandteilen ist betriebsindividuell zu entscheiden.

Die Aussagen in bezug auf die Kundenerfolgsrechnung gelten sinngemäß für die Vertretererfolgsrechnung.

Auf den Folgeseiten sind Beispiele für die drei Erfolgsrechnungen dargestellt.

DATUM 30.06.79 VERTRETERERFOLGSRECHNUNG FUER DIE ZEIT VOM 01.01. BIS 30.06 SEITE 001

VERTRETER NUMMER	ARTIKEL NUMMER	BRUTTO-UMSATZ IN DM	PROVISION	SEK VERTRIEB	VARIABLE HK IN DM	DB IN DM	DB IN %	RANGREIHEN IN DM	RANGREIHEN IN %
1007	20714								
	20721								
	20803								
	20814								
	20910								
* SUMME								6	4
1008	20714								
	20721								

DATUM 30.06.79 KUNDENERFOLGSRECHNUNG FUER DIE ZEIT VOM 01.01. BIS 30.06. SEITE 001

KUNDEN NUMMER	ARTIKEL NUMMER	BRUTTO-UMSATZ IN DM	SEK VERTRIEB	NETTO-UMSATZ IN DM	VARIABLE HK IN DM	DB IN DM	DB IN %	RANGREIHE IN DM	RANGREIHE IN %
4471	INDUSTRIE KG		1000 BERLIN						
	20714	17.803	803	17.000	9.000	8.000	44,9		
	20721	9.410	200	9.210	4.400	4.810	51,1		
	20 803	3.780		3.780	1.890	1.890	50,0		
	20 910	24.250	1.400	22.850	11.200	11.650	48,0		
	* SUMME	55.243	2.403	52.840	26.490	26.350	47,7	12	21
4492	PLASTIK GMBH		9000 MUENCHEN						
	20 714	7.304		7.304	3.700	3.604	49,3		
	20 721	16.520	920	15.600	7.800	7.800	47,2		
	20 818	19.830	430	19.400	9.600	9.800	49,4		
	* SUMME	43 654	1.350	42.304	21.100	21.204	48,6	23	16
4494	SCHINDLER U. CO		8080 FUERSTENFELDBRUCK						
	20 803	48.460							

DATUM 30.06.79 ARTIKELERFOLGSRECHNUNG FUER DIE ZEIT VOM 01.01. BIS 30.06. SEITE 001

ARTIKEL NUMMER	VERKAUFTE MENGE	ME	BRUTTO-UMSATZ IN DM	SEK VERTRIEB	NETTO-UMSATZ IN DM	VARIABLE HK IN DM	DB IN DM	DB IN %	DB PRO ME	RANGREIHE DM	RANGREIHE %
20 714	435	KG	21.750	1.050	20.700	8.700	12.000	55,2	27,59	96	7
20 716	7500	KG	300.000	15.000	285.000	187.500	97.500	32,5	13,00	14	56
20 718	6410	KG	224.350	19.230	205.120	96.150	108.970	48,6	17,00	8	11
20 721	920	KG	110.400		110.400	64.400	46.000	41,7	50,00	47	28
SUMME ART-GR		207	656.500	35.280	621.220	356.750	264.470	40,3			
20 800	20150	ST	302.250	30.225	272.025	181.350	90.675	30,0	4,50	19	67
20 803	30100	ST									
20 804	12.700	ST									
SUMME ART-GR		208									
20 910											

Die Artikelerfolgsrechnung kann die Basis für eine produktionsbezogene stufenweise Deckungsbeitragsrechnung sein, wenn die Artikel eindeutig einem Produktionszweig zugerechnet werden können. EDV-technische Werte nach einem Begriff zu verdichten ist problemlos.

Die gleiche Aussage gilt für eine verkaufsgebietsbezogenes stufenweise Deckungsbeitragsrechnung. Basis hierfür ist die Kundenerfolgsrechnung.

Organisatorische Mindestvoraussetzung für die EDV-technische Abwicklung der Kostenträgerzeitrechnung ist eine maschinelle Fakturierung und die Abspeicherung der variablen Herstellkosten pro Artikel.

Die Unterstützung der Deckungsbeitragsrechnung mit der EDV ist in einzelnen Stufen realisierbar und je nach den Belangen des Unternehmens können einzelne Stufen, z.B. Kostenarten-, Erfolgsrechnung, ausreichend sein.

Für den Leser, der mit der Frage einer Ersteinführung der Deckungsbeitragsrechnung konfrontiert ist, ist auf der Folgeseite ein Tätigkeitsplan für die Einführung dargestellt.

Darüber hinaus folgt für den etwas EDV-kundigeren Leser eine Darstellung der Datensätze, die m. E. sinnvoll für den Einsatz der EDV in diesem Gebiet sind. Die Speicherungsform, d.h. Dateien oder Datenbank, sind dabei unerheblich.

Sicher werden sich Fragen aus den betrieblichen Gegebenheiten ergeben, deshalb kann die Aufstellung nur als Leitfaden gelten.

	Tätigkeitsplan	Beginntermin		
		Mitarbeiter	Aufwand in Tagen	Endtermin
1	Information des Personals durch die Geschäftsleitung, um zum Ausdruck zu bringen, daß die Geschäftsleitung die Einführung befürwortet.			
2	Ist-Aufnahme des bestehenden Rechnungswesens.			
3	Analyse der bisher gewonnenen Informationen aus dem Rechnungswesen.			
4	Schulung und Ausbildung des Verantwortlichen (Kostenrechner).			
5	Entwurf des Sollkonzeptes.			
6	Abstimmung des Konzeptes mit den betroffenen Abteilungen.			
7	Abstimmung des Konzeptes mit den vorhandenen organisatorischen Voraussetzungen (Ist-Aufnahme).			
8	Festlegen der EDV-Unterstützung.			
9	Einleiten von Maßnahmen für organisatorische Änderungen bzw. Anpassung des Konzeptes.			
10	Aufbau des Kostenartenplanes mit der Kostenauflösungsdefinition.			
11	Aufbau des Kostenstellenplanes mit der Kostenauflösungsdefinition.			
12	Aufbau der Formulare und Auswertungen.			
13	Kurzschulung der betroffenen Abteilungen.			
14	Einführung.			

Übersicht Datensätze

• Kostenartenstamm

Dieser Datensatz definiert und beschreibt eine Kostenart.

Datensatzinhalt	Erläuterungen
Kostenartennummer	Schlüsselbegriff
Kostenartenbezeichnung	Text
Schlüssel fix/variabel	Der Schlüssel gibt die Zuordnung im Rahmen der Kostenartenauflösung an.
Schlüssel Abgrenzung	Der Schlüssel gibt an, ob diese Kostenart der Abgrenzung unterliegt.
BAB-Zeilen-Nummer	Zeile, in der diese Kostenart im Kostenstellenbogen erscheint.

• Kostenartenverteilung

Der Satz ist nur aufzubauen, wenn eine Kostenart nicht bzw. nicht mehr mit vertretbarem Aufwand direkt auf eine bestimmte Kostenstelle zugerechnet werden kann.

Datensatzinhalt	Erläuterungen
Kostenartennummer	Schlüsselnummer der zu verteilenden Kostenart
Basis	Basis des Verteilungsschlüssels (z. B. bei Prozent 100)
Einheit	Angabe einer Benennung des Verteilschlüssels

Datensatzinhalt	**Erläuterungen**
Kostenstellennummer	Nummer der zu belastenden Kostenstelle
Anteil	Schlüsselanteil der zu belastenden Kostenstelle

Kostenstellennummer und Anteil kommen mehrfach vor.

• Abgrenzungssatz

In diesem Satz wird die Kostenart und die korrespondierende Kontonummer festgelegt, die einer Abgrenzung oder kalkulatorischen Verrechnung unterliegt.

Datensatzinhalt	**Erläuterungen**
Kostenartennummer	
Kontonummer	Der Kostenart entsprechende Kontonummer

• Abgrenzungs-, kalkulatorische Werte

Der Datensatz enthält die zu verrechnenden Abgrenzungs- bzw. kalkulatorischen Werte.

Datensatzinhalt	**Erläuterungen**
Kostenartennummer	
Kostenstellennummer	Zu belastende Kostenstelle
Monatsfeld	Drückt aus, ab welchem Monat der Betrag gültig ist.
Betrag	Abgrenzungs- bzw. kalkulatorischer Wert der monatlich zu verrechnen ist.

• Bewegungssatz

Buchungssatz für kostenrechnerisch relevante Buchungen.

Datensatzinhalt	Erläuterungen
Kontonummer Soll	
Kontonummer Haben	
Kostenartennummer	
Betrag	Betrag ohne Umsatzsteuer
Kostenstellen- oder Kostenträgernummer	Die Buchung wird damit eindeutig nach dem Verursachungsprinzip zugeordnet.
Buchungsdatum	Periodenzuordnung
Belegnummer	Nummer des einzelnen Buchungsbeleges; notwendig für die Nachprüfbarkeit.

• Kostenstellenstamm

Dieser Datensatz definiert und beschreibt eine Kostenstelle.

Datensatzinhalt	Erläuterungen
Kostenstellennummer	Schlüsselbegriff
Kostenstellenbezeichnung	Text
Kostenstelleninformation	z. B. Verantwortlicher der Kostenstelle
Schlüssel fix/variabel	Der Schlüssel gibt die Zuordnung im Rahmen der Kostenauflösung an.

Datensatzinhalt	Erläuterungen
Hierarchie-Nummer	Schlüssel für die Verdichtung von Kostenstellenwerten (z. B. für stufenweise Deckungsbeitragsrechnung).

• BAB-Zeilentext

Der Datensatz definiert und beschreibt die BAB-Zeile und deren Aufsummierung.

Datensatzinhalt	Erläuterungen
Zeilennummer	Nummer der Ausdruckzeile im Kostenstellenbogen
Zeilenbezeichnung	Text
Summensteuerung	Steuerung der Summenzeilenbildung im Kostenstellenbogen

• Hierarchie-Text

Der Datensatz definiert und beschreibt die Kostenstellen-Hierarchien.

Datensatzinhalt	Erläuterungen
Hierarchie-Nummer	Schlüsselbegriff
Hierarchie-Bezeichnung	Text

• Leistungssatz

Der Leistungssatz enthält die in einer Abrechnungsperiode erbrachte Leistung, die als Basis für die Errechnung des Ist-Verrechnungssatzes für die variablen Fertigungsgemeinkosten je Kostenstelle herangezogen wird.

Datensatzinhalt	Erläuterungen
Kostenstellennummer	Kostenstelle, in der die Leistung erbracht wurde
Ist-Leistung	Leistung der Abrechnungsperiode
Leistungseinheit	
Datum	Abrechnungsperiode

• Bestandssatz

Der Bestandssatz enthält die kumulierten Werte je Kostenstelle und Kostenart.

Datensatzinhalt	Erläuterungen
Kostenstellennummer	
Kostenartennummer	
Betragsfelder	
— Istwert Soll fix	Beinhalten die aufgelaufenen
— Istwert Haben fix	Werte je Monat
— Istwert Soll variabel	
— Istwert Haben variabel	
(dto. für Sollwerte)	

• Kostenträgerstamm

Der Datensatz definiert und beschreibt einen Kostenträger.

Datensatzinhalt	Erläuterungen
Kostenträgernummer	Schlüsselbegriff
Kostenträgerbezeichnung	Text
Kalkulationseinheit	
Verdichtungskennzeichen	Kennzeichen für die Zurechnung zur stufenweisen Deckungsbeitragsrechnung nach Bereichen.
Zusatzinformationen	Es können eine Reihe von Zusatzinformationen geführt werden, die jedoch weitgehend betriebsindividuell zu definieren sind.

Zu jedem Kostenträger sind noch die einzelnen Werte der Kalkulation gemäß dem Kalkulationsschema zu speichern.

• Fertigungssatz

Dieser Satz hält den Fertigungsablauf und die Fertigungskosten fest und entsteht pro Fertigungsstelle.

Datensatzinhalt	Erläuterungen
Kostenstellennummer (Kostenplatznummer)	Schlüsselbegriff der Stelle, auf der ein bewertbarer Fertigungsvorgang vollzogen wird.
Fertigungslohnsumme	Kann auf einer Stelle der Fertigungslohn kostenträgerbezogen erfaßt werden, ist hier die Einzelkostenlohnsumme zu speichern.

Datensatzinhalt	**Erläuterungen**
Fertigungsleistung	Summe der in dieser Stelle erbrachten Fertigungsleistung
Leistungseinheit	
Ausstoß	Ausgebrachte Gutmenge
Fertigungsgemeinkosten variabel	Summe verrechnete Fertigungsgemeinkosten variabel

• Materialsatz

Dieser Satz hält das eingesetzte Fertigungsmaterial fest und entsteht pro Material.

Datensatzinhalt	**Erläuterungen**
Materialnummer	Schlüsselbegriff für das eingesetzte Fertigungsmaterial
Einsatzmenge	
Mengeneinheit	
Materialwert	

• Satz Sondereinzelkosten Fertigung/Vertrieb

Dieser Satz hält alle entstandenen Sondereinzelkosten getrennt nach der Kostenart fest.

Datensatzinhalt	**Erläuterungen**
Kostenartennummer	Schlüsselbegriff für die Sondereinzelkostenart
Betrag	zu verrechnender Wert
Menge	kann bei SEK der Fertigung auftreten.

• Erlössatz

Dieser Satz enthält den Erlös und die Prozentangabe für kalkulatorisch zu ermittelnde Erlösschmälerungen.

Datensatzinhalt	Erläuterungen
Erlösart	z. B. Stückerlös, Gesamterlös etc.
Erlöswert	
Prozentsatz	Prozentsatz kalkulatorische Erlösschmälerungen bezogen auf den Erlöswert.

Für die Kostenträgerzeitrechnung ist ein Bestandssatz für die fakturierten Umsätze zu bilden. Je nach Organisationsform und Speichermöglichkeit können Sätze für Artikel, Kunden und Vertreter geführt werden oder eine Detailarchivierung vorgenommen werden. Der nachstehend dargestellte Bestandssatz läßt alle geschilderten Erfolgsrechnungen zu.

• Bestandssatz Erfolgsrechnung

Dieser Satz enthält alle notwendigen Werte für die Erfolgsrechnungen. Die Speicherung erfolgt nach dem Hauptbegriff Kunde und Unterbegriff Artikel.

Datensatzinhalt	Erläuterungen
Kundennummer	Schlüsselbegriff für Kunde
Vertreternummer	Schlüsselbegriff für Vertreter
Artikelnummer	Schlüsselbegriff für Artikel
Erlösbetrag	Fakturierter Betrag ohne Mehrwertsteuer
Betrag SEK Vertrieb	Werte aus Faktur und Provisionsabrechnung
Betrag variable Herstellkosten	
Absatzmenge Artikel	

Abkürzungsverzeichnis

BAB	Betriebsabrechnungsbogen
DB	Deckungsbeitrag
EDV	Elektronische Datenverarbeitung
FGK	Fertigungsgemeinkosten
GK	Gemeinkosten
HK	Herstellkosten
KST	Kostenstelle
ME	Mengeneinheit
MGK	Materialgemeinkosten
SEK	Sondereinzelkosten
VGK	Vertriebsgemeinkosten
VWGK	Verwaltungsgemeinkosten